Wolfgang Weiner

Schule goes green

77 Wege, wie Sie als Lehrer*in Schule grüner und nachhaltiger machen

Auer

Wir haben uns für die Schreibweise mit dem Sternchen entschieden, damit sich Frauen, Männer und alle Menschen, die sich anders bezeichnen, gleichermaßen angesprochen fühlen. Aus Gründen der besseren Lesbarkeit für die Schüler*innen verwenden wir in den Kopiervorlagen das generische Maskulinum. Das gilt auch für die Berufsbezeichnung „Hausmeister*innen".

1. Auflage 2020

Covergestaltung: Kristin Lenhart München
Umschlagfoto: iStock, Dragon Tiger
Illustrationen: Oliver Eger
Satz: Fotosatz H. Buck, Kumhausen
Druck und Bindung: Druckerei Joh. Walch GmbH & Co. KG
ISBN 978-3-403-**08484-6**
www.auer-verlag.de

klimaneutral gedruckt
www.klima-druck.de
ID-Nr. 2095154
bvdm.

FSC
www.fsc.org
MIX
Papier aus verantwortungsvollen Quellen
FSC® C130643

Inhaltsverzeichnis

Vorwort

Nachhaltiges Leben ist in aller Munde. Wir haben in den letzten Jahren immer stärker erkannt, dass die Ressourcen unseres Planeten Erde nicht unendlich sind und wir dafür sorgen müssen, die Existenzgrundlage für die Menschen in der Zukunft zu sichern. Dies wird uns nur gelingen, wenn wir unser bisheriges Handeln und unseren Lebensstil infrage stellen, überdenken und verändern, das gilt nicht nur für Einzelpersonen, sondern insbesondere auch für Behörden, Firmen und Bildungseinrichtungen.
In der Schule haben Sie als Lehrkraft eine besondere Verantwortung. Im Unterricht und Schulalltag und durch Ihr eigenes Handeln legen Sie mit Ihren Schüler*innen den Grundstein für die Veränderung unserer Gesellschaft – im ökonomischen, ökologischen und sozialen Sinn. Die Lehr- und Bildungspläne für alle Schularten unterstützen Sie dabei und sehen nachhaltige Themen im Unterricht und in übergeordneten Bereichen in allen Klassenstufen und Schularten bereits vor. Das Handeln der Kinder und Jugendlichen, sie demonstrieren seit einigen Jahren weltweit für umweltpolitische Veränderungen in unserer Gesellschaft, sollte in der Schule Anregung sein, ihre Anliegen sinnvoll zu begleiten. Doch wie kann ich als Lehrkraft, als Kollegium oder Schulgemeinde agieren, welche Dinge kann ich einfach oder auch mit etwas mehr Aufwand verändern, wie werde ich als einzelne Lehrkraft oder Schulgemeinschaft grüner, umweltfreundlicher, nachhaltiger?
Ich möchte ich Ihnen in diesem Band 77 einfache Wege aufzeigen, wie Ihnen dies gelingen kann. Sie erhalten Denkanstöße, konkrete Ideen und Tipps für Ihre Klasse, das Kollegium, die Schulgemeinschaft und ganz persönlich für sich. Seit vielen Jahren arbeite ich mit Kindern und Jugendlichen, Kitas und Schulen in der Umweltbildung und im Ehrenamt, engagiere mich stark im Umweltschutz und lebe selbst möglichst nachhaltig. Gerne möchte Sie anregen mitzuwirken, einige der Tipps mit Ihren Schüler*innen umzusetzen und so etwas für den Schutz unserer Erde zu tun.
Der Band ist so konzipiert, dass jedes Kapitel einem Bereich der Schule gewidmet ist, Sie erhalten für diesen eine Fülle an kleinen Ideen, die Sie einzeln herausgreifen oder (noch besser) zusammenhängend umsetzen können. Hat sich ein Bereich der Schule mit diesen ineinander verzahnten Ideen verändert, können die Maßnahmen im nächsten Bereich begonnen werden. Einige Aspekte wiederholen sich in den Kapiteln. Das ist beabsichtigt, denn alle Bereiche der Schule und alle Beteiligten sollten in ihrem Gebiet die Problemstellungen angehen und die Schule ökologisch verändern.

Viel Freude dabei!

Wolfgang Weiner

Im und am Schulhaus, auf dem Pausenhof

In diesem Kapitel erhalten Sie kleine und große Anregungen, wie Sie als Lehrkraft, im Kollegium und mit den Schüler*innen im und am Schulhaus nachhaltig handeln können. Wertvolle Energiespartipps und Ideen zu Veränderung der Energieversorgung, hilfreiche Hinweise zur Umsetzung der Mülltrennung und -einsparung sowie Ideen zum Artenschutz, insbesondere auch auf dem Pausenhof, unterstützen Sie im Alltag und regen zur Veränderung an.

Partner in der Schule und außerhalb

Veränderungen gelingen am besten gemeinsam. Ein eigenes Umweltkonzept für die Schule, an dem alle wichtigen Personen mitarbeiten und es gemeinsam verabschieden, ist die beste Grundlage.

In der Schule gelingt nichts ohne die Einbindung der Schulleitung, die die Projekte und Veränderungen intern leben und nach außen mitvertreten und bewerben muss. Oft sind es auch die Schulleitungen, die mit eigenen Visionen und Zielen das Thema an der Schule voranbringen. Vielleicht kann die Schulleitung auch engagierte Eltern für die Vorhaben gewinnen.

Und es geht nichts ohne den Hausmeister, der den geplanten Aktionen und Veränderungen wohlwollend gegenüberstehen sollte.

Es empfiehlt sich zudem, über die Schulleitung gute Kontakte mit den zuständigen Ämtern zu pflegen. Die Behörden sind oft offener als man denkt, wenn es um die Realisierung von „grünen“ Projekten an Schulen geht.

Presse- und Öffentlichkeitsarbeit wird für Schulen immer wichtiger. Deshalb ist es sehr gut, die Presse über aktuelle ökologische Entwicklungen an der Schule auf dem Laufenden zu halten.

Suchen Sie sich Partner*innen aus der Elternschaft, Expert*innen, Firmen und Verbände, die sich mit entsprechenden Fragen beschäftigen. Nur gemeinsam kommen Sie zu einem guten Ergebnis.

Tipps und Ideen für Veränderungen finden Sie auch auf den Internetseiten von Ministerien, Verbänden und Initiativen aus dem Bereich Umweltschutz und Klimaschutz.

Umweltkonzept für Ihre Schule

Erstellen Sie ein Umweltkonzept angepasst an Ihre Schule. Dieses, verschriftlicht und allen Mitgliedern bekannt gemacht, liefert die Grundlage für Ihr weiteres Handeln. Unterziehen Sie sich vor der Erstellung einem Faktencheck und ermitteln Sie, wie Ihre Schule in Fragen der Ökologie und Nachhaltigkeit aufgestellt ist. Machen Sie nach Erstellung des Konzepts dieses überall an der Schule sichtbar durch Plakate, Wegweiser und Vorstellung Ihrer Projekte. Leben Sie es gemeinsam!

Alles, was Sie für die Bestandsaufnahme und die Erstellung des Konzepts wissen müssen, können Sie bei uns downloaden.

Energetische Sanierung des Schulhauses in Zusammenarbeit mit den zuständigen Behörden

Energetische Sanierung. Unsere Schulhäuser entsprechen oft schon lange nicht mehr den modernen Anforderungen, die Zustände der Gebäude sind oft schlecht. Viele Schulen werden jedoch nach und nach umweltgerecht saniert oder entsprechend neu entworfen. Vorteile der energetischen Sanierung sind:

- ein reduzierter Verbrauch von Wasser,
- ein reduzierter Energieverbrauch bei der Nutzung der Heizung und bei der Erzeugung von Warmwasser,
- die Möglichkeit der Nutzung alternativer Energieformen,
- eine bessere Raumluft durch neue Fenster
- oder ein niedriger Energieverbrauch beim Einsatz von neuen Lampen und modernen Lichtkonzepten.

Bei der Planung von Umbauten und Neubauten werden die besonderen Anforderungen der Schule berücksichtigt. Hier haben Sie als Lehrkraft und Kollegium jedoch wenig bis kein Mitspracherecht, die Entscheidungen treffen die Behörden und Ämter. Sollten Sie Ideen haben, wie die Schule, Ihren Bedürfnissen entsprechend, nachhaltig gestaltet werden kann, dann nehmen Sie über die Schulleitung Kontakt zu den Behörden auf. Oft zeigen sich diese aufgeschlossen für gute Ideen. Sie können dann die Vorhaben durch kleinere Projekte mit den Kolleg*innen und Schüler*nnen unterstützen und vor Ort etwas verändern.

Solaranlage und Windrad. In einer gemeinsamen Aktion können Schulgemeinden ihre Schule mit einer Solaranlage auf Schul- oder Turnhallendach ausstatten. Sie produziert auf umweltfreundliche Weise Strom und kann den Energiebedarf einer Schule anteilig decken. Zudem kann erzeugter Strom ins öffentliche Stromnetz eingespeist werden. Die Betreiber*innen erhalten dafür eine Vergütung. Die Schüler*innen können den Bau der Anlage im Unterricht und Schulalltag mitbegleiten und, in höheren Klassen, sogar am Bau der Anlage mitwirken. Die Anlage kann ein Anlass dafür sein, dass sich Schüler*innen und Lehrkräfte mit den ökologischen, ökonomischen und technischen Aspekten der erneuerbaren Energien befassen. Eine Solaranlage zu errichten, stellt jedoch für Schulen noch immer eine große Herausforderung dar, weil hohe Investitionskosten abgesichert und diverse organisatorische Probleme gelöst werden müssen. Alternativ gibt es auch Schulen, die Windräder auf ihrem Schulgelände errichtet haben. Informieren Sie sich doch einmal darüber. In der Literatur am Ende des Kapitels finden Sie ein gelungenes Beispiel der Hermann-Lietz-Schule Spiekeroog.

Wechsel der Heizungsanlage. Ist die Heizanlage der Schule in die Jahre gekommen, empfiehlt es sich, eine energiesparende Lösung einzubauen. Eine Beratung durch einen Fachmann ist sinnvoll und gelingt in Absprache mit dem Schulträger.

Wechsel des Stromanbieters. Auch der bewusste Wechsel zu alternativen Strom- und Gasanbietern ist mit der Schulverwaltung zu diskutieren. Hier ist ein Wechsel nicht immer einfach, da der regionale Strom- und Gasanbieter natürlich unterstützt werden soll. Vielleicht bietet dieser jedoch alternative Angebote an, die für die Schule interessant sein können. Eine Beratung, in Zusammenarbeit mit Schulleitung und Schulträger, ist hier sinnvoll.

Wechsel der Lampen. In unseren Schulhäusern werden heute oft noch Leuchtstoffröhren verwendet, sie sorgten seit vielen Jahren für die richtige Beleuchtung und konnten länger und energiesparender eingesetzt werden als die „alten“ Glühlampen. Umweltbewusst waren die Leuchtstoffröhren jedoch nie. Sie bestehen unter anderem aus Quecksilberdampf, welcher absolut giftig und umweltschädlich ist. Es ist deshalb anzuraten, im Rahmen der Schulsanierung, in Absprache mit der Schulverwaltung, auf LED-Lampen umzusteigen. Sie funktionieren ohne das für Mensch, Tier und Umwelt schädliche Quecksilber, verbrauchen weniger Energie und sind langlebiger. Auch Lampen mit Zeitschaltuhren sind für das Schulhaus und das Schulgelände anzudenken. Immer nur dann, wenn Lehrkräfte, Reinigungskräfte oder Schüler*innen Licht benötigen, schalten sich diese ein oder selbstständig aus, wenn kein Licht benötigt wird.

Einsparung von Wasser. Vermeiden Sie unnötigen Wasserverbrauch. Verwenden Sie, wo möglich, Regenwasser. Machen Sie den Schüler*innen im Unterricht den Wert des Wassers deutlich, zeigen Sie ihnen, wie viel Wasser sie unbedacht verbrauchen und wie sie es schützen können (beim Zähneputzen, beim Baden, beim Händewaschen). „Wasser“ ist nicht umsonst in allen Schularten und Klassenstufen ein wichtiges Lehrplanthema.

Energieverbrauch ermitteln, Projektwochen durchführen, Schüler*innen zu Energiedetektiv*innen ausbilden

Die technischen Entwicklungen und Neuerungen an einer Schule sind wichtig, entscheidend ist aber auch das Verhalten der Menschen, die eine Schule ausmachen. Durch ihr richtiges Handeln lässt sich, unabhängig von einer großen Sanierung des Gebäudes, viel erreichen. Und das eng am Lehrplan orientiert: bewusster Umgang mit Energie, bewusster Wasserverbrauch, bewusstes Verhalten. Damit man weiß, wo man steht und was noch zu tun ist, empfiehlt es sich, z. B. im Rahmen einer Projektwoche, den eigenen, ganz persönlichen Energieverbrauch jeden Schülers* jeder Schülerin sowie den Energieverbrauch an der Schule gemeinsam mit den Schüler*innen zu erfassen und auszuwerten. Danach können entsprechende Maßnahmen (Checkliste „Mein Energieverbrauch") eingeleitet werden und der Energieverbrauch kann dann regelmäßig zur Kontrolle weiter erfasst werden. Gleichzeitig können die Schüler*innen zu Energiespardetektiv*innen ausgebildet oder es kann eine Energie-AG gegründet werden (Wir werden Energie-Detektive!).

Energiesparen – so geht's!

Nachdem der eigene Stromverbrauch geklärt ist, sollten Sie gemeinsam festlegen, wie Sie sich an der Schule in Zukunft noch umweltfreundlicher verhalten können – gemeinsam! Hier 10 einfache Tipps mit großer Wirkung.

1. Ermitteln Sie den Stromverbrauch Ihrer Geräte in der Klasse, in den Fachräumen, im Lehrer*innenzimmer. Sie werden vielleicht überrascht sein! Schicken Sie die Geräte, die besonders viel Strom verbrauchen, in Rente (insbesondere die ohne Standby-Funktion) und schaffen Sie neue energiesparende Geräte an. Ihre Energiebilanz wird es Ihnen danken. Das Messen des Stromverbrauchs geht ganz einfach mit Energiemessgeräten. Diese sind im Handel in allen Preisklassen erhältlich und können ganz einfach eingesetzt werden.

2. Schaffen Sie ab jetzt ausschließlich umweltfreundliche Geräte an, das gilt für alle Bereiche der Schule, für den Kopierer, die Kaffeemaschine im Lehrer*innenzimmer, das Notebook oder Tablet für die Lehrkraft oder das Klassenzimmer. Neue Geräte sind auch im sogenannten Standby-Modus energiesparend, hierfür hat eine EU-Verordnung im Jahr 2008 gesorgt (Verordnung Nummer 1275/2008 zur sogenannten Ökodesign-Verordnung).

3. Oft bleiben Elektrogeräte im oben beschriebenen Standby-Modus, gerade wenn Räume von verschiedenen Lehrkräften genutzt werden. In diesem ver-

brauchen sie viel Energie, ohne dass uns dies bewusst ist. Das können Sie gemeinsam ändern. Schalten Sie alle Geräte aus, wenn Sie sie nicht benötigen. Üben Sie dieses Verhalten auch mit den Schüler*innen ein.

4. Schalten Sie das Licht aus, wenn Sie einen Raum verlassen. Installieren Sie in der Klasse einen entsprechenden Klassendienst, der dies überwacht. Ein Schild mit einem entsprechenden Hinweis in allen Räumen (auch in den Toiletten, wenn hier keine Bewegungsmelder installiert sind) wäre zudem sinnvoll.

5. Können Zeitschaltuhren für die Energiequellen eingebaut werden? Wenn ja, ist das eine gute Möglichkeit, Energie zu sparen und nachhaltig zu handeln.

6. Werden Räume nicht benutzt, sollte die Heizung runtergedreht werden. Heizen Sie Klassenzimmer, Fachräume und Lehrer*innenzimmer, achten Sie darauf, dass die Türen in der Heizperiode möglichst geschlossen bleiben. Lüften Sie Räume nicht, indem Sie Fenster dauerhaft gekippt lassen, sondern sorgen Sie für regelmäßiges Stoßlüften, zum Beispiel in den Pausen.

7. Sparen Sie, wo immer möglich, Wasser ein. Sammeln und nutzen Sie Regenwasser.

8. Machen Sie eine Lehrkraft zum*zur Energiebeauftragten, die sich nun mit Schulleitung und Schulverwaltung bespricht und entsprechende Maßnahmen an der Schule umsetzt, betreut und überwacht.

9. Thematisieren Sie das richtige Verhalten immer wieder auch mit den Schüler*innen. Nur wenn alle mitmachen, wird Energie eingespart werden können.

10. Regen Sie eine gemeinsame Beratung durch Energieberater*innen oder kommunale Energieagenturen an, sodass alle Verantwortlichen gemeinsam entscheiden können, wie zukünftig umweltbewusst gehandelt werden kann. Informieren Sie die Eltern über die Vorhaben der Schule. Vielleicht finden sich interessierte Eltern, die Sie fachlich unterstützen können.

Müllvermeidung und Mülltrennung

Will man ökologisch handeln, sollte es das Ziel sein, Müll zu vermeiden (Spiel „Müll trennen – Müll vermeiden"). Das gilt insbesondere auch für die Schule. Wenn die Schüler*innen hier bereits lernen, wie es (anders) geht, können sie das auf ihren Alltag übertragen. Der Müll, der dennoch entsteht, muss richtig getrennt werden, nur dann kann er möglichst umweltschonend entsorgt werden. Es gibt für den Unterricht zahlreiche Publikationen, die Ihnen helfen, das

Thema „Müll und Mülltrennung" in Ihrem Unterricht zu behandeln. Denn auch die Mülltrennung gelingt mit Beteiligung der Schüler*innen am besten. Die Müllsortierung erfolgt in der Regel in folgende Tonnen/Entsorgungssysteme, die sich farblich in einzelnen Bundesländern unterscheiden können: Papier/Pappe, Verpackung/Kunststoff, Restmüll, Biotonne. Die Tonnen sollten bekannt und entsprechend gekennzeichnet sein, sodass die richtige Sortierung gelingt. Alle einzelnen Mülltüten in der Schule sollten idealerweise in der jeweils gleichen Farbe vorliegen. So können sich die Schüler*innen einfach rückversichern, dass sie richtig sortieren und Ihnen fällt zudem das Erklären leichter:

„Damit das Farbleitsystem seinen Zweck erfüllen kann, muss es auf die gesamte in der Schule zum Einsatz kommende Sammellogistik, mit der Abfälle gesammelt und transportiert werden, übertragen werden. Das heißt konkret, dass die zur Kennzeichnung der einzelnen Abfallfraktionen verwendeten Farben sich nicht nur auf die Vorsortierbehälter, sondern auch auf die Mülltüten, die Abfallsammelsäcke der Reinigungsfirma, die Abfallbehälter auf dem Schulhof und die Hofstandgefäße der Entsorgerfirmen erstrecken müssen." (BSR: Abfalltrennung in der Schule – Abfalltrennung kinderleicht – das Farbleitsystem, S. 16)
https://www.schule-der-zukunft.nrw.de/fileadmin/user_upload/Schule-der-Zukunft/Materialsammlung/downloads/bsr_bawo_schule.pdf

Die entsprechenden Behältnisse sollten in jedem Raum (auch der Turnhalle und der Aula) vorhanden sein: alle Mülleimer, alternativ Varianten nur für Papier oder Restmüll. Auf dem Schulhof sollten geeignete verschlossene Behälter mit Öffnungen in den entsprechenden Farben vorhanden sein. Informieren Sie sich zudem bei Ihrer örtlichen Feuerwehr darüber, welche Materialien für die Behälter erlaubt sind.

Der Schulweg und die Nutzung öffentlicher Verkehrsmittel

Wie kommen Sie und Ihre Schüler*innen täglich zur Schule? Können Sie und die Schüler*innen die Schule mit öffentlichen Verkehrsmitteln, mit Fahrrad oder zu Fuß erreichen oder sind Elterntaxis und überfüllte Lehrer*innenparkplätze an Ihrer Schule an der Tagesordnung? Wie können Sie einen Wechsel des Verhaltens unter dem Stichwort „Nachhaltige Mobilität" unterstützen (sichere Schulwegplanung, Fahrradtraining für Schüler*innen, Fahrradabstellmöglichkeiten, Fahrgemeinschaften für Lehrkräfte)?

Es gibt hilfreiche Beratungsleitfäden von Behörden, die Ihnen Wege aufzeigen: Unsere Übersicht zum Downloaden gibt einen ersten Einblick.

Umweltgruppen an der Schule

Gibt es bereits eine Umweltgruppe an Ihrer Schule oder eine entsprechende Initiative in Ihrer Gemeinde oder Stadt, die sich für das Thema Nachhaltigkeit starkmacht, über Expertise verfügt, erfolgreiche Projekte realisiert hat? Machen Sie sich dies zunutze und binden Sie diese Gruppen in Ihr Tun ein.

Biodiversität und Naturschutz im und am Schulgebäude

Im und am Schulgelände können Sie viel für Biodiversität und Naturschutz tun und nachhaltig handeln. Interessant ist der Bau von Nisthilfen für Vögel, Fledermäuse oder andere Tierarten, die am Schulhaus und am Schulgelände angebracht werden können. Diese können gemeinsam mit den Schüler*innen erstellt und betreut werden. Hier bietet sich auch die Kooperation mit Umweltverbänden an, die auf diesem Gebiet schon gute Projekte mit Schulen realisiert haben. Die Beobachtung der Tiere gelingt dann besonders gut, wenn Sie eine Webcam anbringen, die die Tiere in den Nisthilfen filmt. Die Langzeitbeobachtung von bestimmten Vogelarten, ein Blick in ihren Nistkasten, die Beobachtung der Aufzucht von Jungtieren: Ihre Schüler*innen werden begeistert sein.

Wollen Sie Nisthilfen miteinander bauen, so finden Sie einfache Bauanleitungen und Tipps z. B. unter www.lbv.de, Stichworte: Insektenhotel selber bauen, Bauanleitungen für Nistkästen, Bauanleitung Fledermausflachkasten.

Biodiversität und Naturschutz auf dem Schulhof

Unsere Schulhöfe und Schulgelände sind oft noch keine nachhaltigen Oasen, vielmehr handelt sich um Betonwüsten mit wenigen grünen Flächen und einigen Spielgeräten. Hier kann und muss sich etwas tun, will man umweltbewusst handeln. Naturnahe Elemente sollten geplant, umgesetzt und den Schüler*innen erklärt werden. Wichtige Schlagworte sind in diesem Kontext: Natur und Artenvielfalt, Wiederverwendung von Material, Klimaschutz, Umgang mit gesammeltem Regenwasser, ökologische Gestaltung und Ausstattung des Schulhofs sowie die Orientierung am Kind und seine Einbeziehung. Nur wenn alle mitmachen, bleibt ein Schulhof langfristig erhalten. Im

Rahmen einer Zukunftswerkstatt sollte man zudem die Schüler*innen befragen, welche Elemente sie sich für ihren Schulhof wünschen. Die Methode der Zukunftswerkstatt wurde Anfang der 1980er-Jahre von Robert Jungk, Norbert R. Müllert und und Rüdiger Lutz entwickelt und wird bis heute in vielen Entscheidungsfindungsprozessen angewendet (Robert Jungk, Norbert R. Müllert: Zukunftswerkstätten. Mit Phantasie gegen Routine und Resignation. München 1981.).

Die Schüler*innen können den Schulhof dann auch nach Unterrichtsende nutzen und genießen. Es gibt bundesweit Projekte und Firmen, die gemeinsam mit den Schüler*innen und Lehrkräften Schulhöfe und Schulgelände entsprechend umbauen. Hier sind regionale Anbieter*innen in Ihrer Nähe zu bevorzugen, diese sind leicht im Internet zu ermitteln.

Finden Sie Ihr Schulgelände und Ihren Schulhof ebenfalls etwas verbesserungswürdig? Dann sollten Sie bei Umgestaltungen Nachhaltigkeit und Biodiversität mitdenken: Gestalten Sie Flächen so, dass sie von Pflanzen und Tieren genutzt werden können. Stichwort Insektenhotel: Sorgen Sie dafür, dass Wildbienen Nistmöglichkeiten erhalten. Sie müssen geschützt werden und sind dabei ganz ungefährlich. Planen Sie Schulgärten und Biotope zum Schutze der Tiere. Denken Sie über ein begrüntes Dach und eine Begrünung der Gebäude nach. Durch fachgerechtes Handeln in diesem Bereich sorgen Sie für ein gutes Klima in der Schule. Binden Sie auch hier die Schulleitung, interessierte Lehrkräfte, Eltern und Fachleute ein und natürlich die Schüler*innen. Was Sie und alle Beteiligten hier lernen, wird Sie ein Leben lang begleiten.

Nachhaltiges Verhalten auf dem Schulhof

Wenn die Rahmenbedingungen stimmen, kommt es nun auf das nachhaltige Verhalten auf dem Schulhof an. Dieses muss mit allen – den Schüler*innen, Lehrkräften, Reinigungskräften und dem Hausmeister – besprochen und es müssen Regeln vereinbart werden. Diese betreffen den Schutz der gestalteten Bereiche, die richtige Nutzung der Mülleimer, die Vermeidung von Müll etc. Einzelheiten finden Sie in den weiteren Tipps. Auch die Eltern sollten informiert und eingebunden werden (Elternbrief „Schulfrühstück und Pausenbrot“).

Was Schüler*innen tun können

Schüler*innen können durch ihr eigenes Verhalten auf dem Schulhof dazu beitragen, dass die Natur geschützt wird. Ein gesundes Schulbrot aus regionalen Zutaten ist die Grundlage. Das Schulfrühstück sollte zudem nicht in einer Wegwerfverpackung mitgebracht werden, sondern am besten in stabilen und leichten Edelstahldosen. Trinkgefäße sollten ebenfalls nicht aus Plastik oder Tetrapak® sein, sondern aus Metall oder Glas, dann jedoch verpackt in Stofftaschen. Sollte dennoch Müll anfallen, sollten die Schüler*innen diesen in richtige Tonnen auf dem Schulhof entsorgen können. Sollten auf dem Schulhof Elemente zum Schutz der Natur vorhanden sein, sollten diese von den Schüler*innen sorgsam behandelt und gepflegt werden. In Schulprojekten sollten sie, auch auf dem Schulhof, für das Thema sensibilisiert werden.

Was Schulleitung und Lehrkräfte tun können

Lehrkräfte und Schulmitarbeiter*innen sind Vorbild. Als Pausenaufsicht sollte die Mülltrennung und die richtige Behandlung von Elementen, die dem Umweltschutz dienen, selbstverständlich sein.

Was Hausmeister und Reinigungskräfte tun können

Der Hausmeister und die Reinigungskräfte sollten entsprechende Mülleimer zur richtigen Mülltrennung anbringen und diese regelmäßig, zusammen mit den Schüler*innen, leeren. Darüber hinaus sollte die Mülltrennung auch von diesen Mitarbeiter*innen gelebt werden. Der Hausmeister sollte die ökologischen Elemente auf dem Schulhof, wie Trockenmauer, Nisthilfen und Co., schätzen und schützen und sich für sie verantwortlich fühlen.

Was die Schulverwaltung tun kann

Die Schulverwaltung kann Projekte auf dem Schulhof einfordern und genehmigen, die dem Schutz der Natur und der Artenvielfalt dienen. Oft ist die Schulverwaltung mit anderen Behörden der Gemeinde oder Stadt im Gespräch und realisiert gemeinsame größere Vorhaben, die Schulen einbeziehen.

Was man gemeinsam tun kann

Es gibt gelungene Kooperationen mit Umweltstationen, Umweltzentren und sonstigen städtischen Anbieter*innen. Überlegen Sie doch mal, wie Sie mit diesen Ihren Schulhof vielfältiger und artenreicher anlegen könnten, damit alle davon profitieren: Menschen, Tiere und Pflanzen. So tun Sie etwas für die Natur und Ihre Lebensqualität wird ganz nebenbei gesteigert.

Darüber hinaus bieten zahlreiche Städte mit lokalen Kooperationspartner*innen auch Projekte zum gesunden Pausenbrot an. In der Stadt Augsburg gibt es zum Beispiel „Die Augsburger-Bio-Pausenbrot-Aktion". „Ziel ist es hier, Kinder, Lehrer*innen und Eltern für umweltfreundlich produzierte Lebensmittel zu begeistern. Die Vermittlung einer gesunden Lebensführung mit gesunden Lebensmitteln steht dabei im Mittelpunkt. Darüber hinaus soll eine Sensibilisierung für die Problemlagen Ressourcenverschwendung, Klimawandel, Artensterben und Umweltverschmutzung geschaffen werden."(https://www.zpg-bayern.de/die-augsburger-bio-pausenbrot-aktion.html). Eine ähnliche Aktion ist die Initiative „Bio-Brotbox" (https://www.bio-brotbox.de/bio-brotbox/uebersicht). Vielleicht wäre so etwas auch für Ihre Stadt und Ihre Schule interessant?

Zum Download:

Auf dem Weg zum Umweltkonzept

Checkliste „Mein Energieverbrauch"

Wir werden Energie-Detektive

Spiel „Müll trennen – Müll vermeiden"

Möglichkeiten zur nachhaltigen Mobilität an Ihrer Schule

Elternbrief „Schulfrühstück und Pausenbrot"

Literatur:

BAINDL, B. (2008): Wo es wirklich zählt: Schulen und Kindergärten. In: World Changing. Das Handbuch der Ideen für eine bessere Zukunft. München: Knesebeck GmbH & Co. Verlag KG, S. 55f.

SCHLUMBERGER, A. (2006): 50 Einfache Dinge die Sie tun können, um die Welt zu retten und wie Sie dabei Geld sparen. München: Wilhelm Heyne Verlag.

STEFFEN, A. (2008): World Changing. Das Handbuch der Ideen für eine bessere Zukunft. München: Knesebeck GmbH & Co. Verlag KG.

JUNGK; R./MÜLLERT, N.R. (1981): Zukunftswerkstätten. Mit Phantasie gegen Routine und Resignation. München: Heyne.

https://www.zpg-bayern.de/die-augsburger-bio-pausenbrot-aktion.html

https://www.bio-brotbox.de/bio-brotbox/uebersicht

EU-Verordnung 2014 (Verordnung Nummer 1275/2008 zur sogenannten Ökodesign-Richtlinie)

https://www.bmu.de/fileadmin/Daten_BMU/Pools/Bildungsmaterialien/gs_abfall_arbeitsblaetter_schueler.pdf

https://www.bsr.de/abfallvermeidung-und-abfalltrennung-in-kitas-und-schulen-23854.php

https://www.energiesparmeister.de/fileadmin/esm/downloads/Leitfaden_Klimaschutz_im_Klassenzimmer.pdf

https://www.casio-projectors.eu/_global/downloads/de/energieratgeber.pdf

https://www.umweltschulen.de/energie/schulsolaranlage.html

https://www.izt.de/fileadmin/publikationen/IZT_WB102.pdf

https://www.deutsche-handwerks-zeitung.de/solarenergie-macht-schule/150/9195/172716

https://www.ganztaegig-lernen.de/verantwortung-zukunft-schuelerfinanzierte-photovoltaikanlage

https://www.erneuerbareenergien.de/berliner-gruene-fordern-solaranlagen-auf-allen-schulen-der-hauptstadt

https://www.klein-windkraftanlagen.com/allgemein/windenergie-an-schulen-berufsschule-aus-dem-muensterland-geht-voran/

https://www.ufu.de/projekt/ee-schule-evaluation-solarer-schulprojekte-und-machbarkeitsstudie-windenergie-an-bildungseinrichtungen/

Spiekeroog https://lietz-nordsee-internat.de/de/aktuelles/news/nachhaltigkeit-schuleigene-windkraftanlage-lietz-spiekeroog

Gesamtschule schinkel Osnabrück https://www.casio-projectors.eu/_global/downloads/de/energieratgeber.pdf

https://rshw.de/uber-uns/solaranlage/

https://www.ews-schoenau.de/export/sites/ews/energiesparen/.files/leitfaden-energiesparen-an-schulen.pdf

Im Schulkiosk, in der Schulmensa, in der Schulküche

Der Schulkiosk wird in der Regel von Ihrem Hausmeister oder externen Dienstleister*innen betreut. Sie als Lehrkraft oder Kollegium haben dennoch Einfluss auf das Angebot, es soll nämlich die Vorgaben der Lehrpläne zur gesunden Ernährung und die Inhalte der Fächer widerspiegeln. Im Folgenden erhalten Sie Tipps zur Zusammenarbeit und zur Gestaltung des Nahrungsangebots an Ihrer Schule.

In der Mensa und Schulküche können Sie mit den Schüler*innen, den Kolleg*innen und auch externen Dienstleister*innen an Ihrer Schule besonders viel für Nachhaltigkeit tun, Sie können etwas bewegen und verändern. Sie erhalten in diesem Kapitel Anregungen zu den Themen Biologische Landwirtschaft, regionale Lieferant*innen, gesunde Ernährung, ehrenamtliches Engagement der Schule und vieles mehr.

Partner in der Schule und außerhalb

Einen Schulkiosk gibt es an vielen Schulen. Viele Kinder und Jugendliche kaufen hier ihre Verpflegung für den Tag. Das Standardangebot der Läden ist oft an den Schulen sehr ähnlich, häufig jedoch auch ähnlich ungesund. Süßes Gebäck, Waffeln, Schokoriegel, Würstchen im Brötchen und ähnliche Dinge sind vorrätig. Oft entsprechen sie nicht den Vorgaben gesunder Ernährung. Deshalb gehen Sie das Thema mit der gesamten Schulgemeinde an. Binden Sie auch zuständige Behörden ein, wenn Sie Dinge komplett verändern möchten (Schulverwaltungsamt, Kontrollbehörde für Lebensmittelsicherheit). Idealerweise entstehen Kioske aus der Schulgemeinde und dem Kollegium heraus, so haben Sie alle mehr Einfluss auf Gestaltung und Auswahl. Ähnliches gilt bei der Einführung und der Verwaltung einer Schulmensa und Schulküche. Auch hier gilt es, tragfähige Konzepte mit allen nötigen Partner*innen zu entwickeln und umzusetzen.

Auswahl und Angebot des Schulkiosks

Die Auswahl des Angebots und auch die Verpackung der Lebensmittel können miteinander entschieden werden. Für die Frühstückspause und ggf. auch den Nachmittag sollten entsprechende Produkte vorhanden sein.

Die Produkte und Zutaten sollten, wenn möglich, aus biologischer Landwirtschaft und regionalem Anbau kommen. Das ist ökologisch und unterstützt Ihre heimischen Händler*innen. Brötchen und Brote sollten stets gesund belegt sein. Obst, Gemüse, Joghurt, Müsli und Nüsse sollten das Angebot ergänzen. Ungesunde Produkte sollten weniger bis gar nicht angeboten werden. Das gilt auch für Getränke: Hier kann auf Wasser und Fairtrade-Tee gesetzt werden, ggf. in weiterführenden Schulen auf Fairtrade-Kaffee. Vermieden werden sollten süße Limonaden und Cola-Getränke. Wird Schulmilch angeboten, dann sollte diese ebenfalls regional, biologisch und in Mehrwegflaschen- oder gläsern eingekauft werden.

Damit keine Dinge verderben oder sie das Haltbarkeitsdatum überschreiten, ist es jedoch wichtig, auch die Vorlieben der Kinder, Jugendlichen und Lehrkräfte zu kennen und zu berücksichtigen. Befragen Sie deshalb gemeinsam mit dem Betreiber*der Betreiberin des Kiosks die Schüler*innen und Lehrkräfte regelmäßig nach ihren Wünschen und berücksichtigen Sie diese. Überlegen Sie dabei auch, ob für alle Nationalitäten, die die Schule besuchen, etwas im Angebot vorhanden ist.

Preisgestaltung im Schulkiosk

Gesunde und nachhaltige Produkte sollten nicht teurer sein als ungesunde und in Plastik verpackte Lebensmittel. Achten Sie bei der Preisgestaltung darauf und fordern Sie dies auch bei Ihrem Betreiber* Ihrer Betreiberin ein. Gerade Kinder aus weniger gut situierten Familien werden sonst zu den ungesunden, unökologischen und billigeren Produkten greifen.

Abfallarmer Schulkiosk

Vermeiden Sie im Schulkiosk Verpackungsmüll in Form von Folien, Schälchen oder Servietten und wechseln Sie zu unverpackten oder ökologisch verpackten Produkten. Alternativ bieten Sie die Produkte auf wiederverwendbaren Pfand-Tellern und in entsprechenden Gefäßen an. Beim Verkauf von Flaschen und Gläsern bieten sich Mehrwegflaschen an. Auch diese verbrauchen jedoch bei der Reinigung und beim Transport Ressourcen. Deshalb wären auch Wasserspender zum Auffüllen der eigenen Flasche sinnvoll oder eine saubere Stelle, wo Leitungswasser kostenlos abgezapft werden kann, wenn dieses getestet ist und für gut befunden wurde. Auf unnötige umweltschädliche Produkte, wie Strohhalme, Tüten und Servietten, sollte generell verzichtet werden.

Organisation und Mitwirkung der Schüler*innen im Schulkiosk

In der Regel haben die Schüler*innen nichts mit der Organisation des Kiosks zu tun. An einigen Schulen gibt es jedoch Arbeitskreise von Jugendlichen der weiterführenden Schule, die die Kioskbetreiber*innen unterstützen und sich einbringen. Auch Schülerfirmen, die den Kiosk betreiben, sind in Schulformen der Mittel- und Oberstufe bekannt. In beiden Fällen sind die Lerneffekte groß. Zahlreiche Lehrplaninhalte der Fächer und übergeordnete Ziele lassen sich so ganz nebenbei vermitteln. Interessante Umsetzungsideen finden Sie unter „Literatur".

Nachhaltige Konzepte für den Schulkiosk entwickeln

Damit die beschriebenen Punkte realisiert werden können, sollten Sie gemeinsam eigene Konzepte entwickeln, die genau festlegen, was am Vormittag und am Nachmittag im Wechsel angeboten werden kann und wie man damit die Gesundheit aller „Kund*innen" unterstützen, Ressourcen schonen, mit regionalen Händlern kooperieren und die Umwelt schonen kann.

Gesunde Ernährung in Mensa und Schulküche

Eine gesunde Ernährung muss heute an jeder Schule gewährleistet sein, denn die Schüler*innen verbringen einen Großteil ihrer Zeit in der Schule, andere Lernorte, wie die Familie, entfallen oft. Gesunde Ernährung und Nachhaltigkeit werden zusätzlich lehrplangemäß behandelt, sind wichtiger Teil von Unterricht und Schulleben und müssen überall in der Schule erfahrbar werden. In der Schulmensa und auch in der eigenen Schulküche, sofern diese vorhanden ist, können, sollen und müssen die Schüler*innen deshalb lernen.

Immer mehr Schulen verfügen, insbesondere im Zuge des Ganztags- und Nachmittagsbetriebs, über Mensen oder Cafeterien. Oft erfolgen Verkauf und Bewirtung jedoch in einem Fall oder beiden Fällen durch schulfremde Dienstleister*innen, auf welche Sie in der Schule nur wenig Einfluss haben. Entwickeln Sie am besten ineinander verzahnte Konzepte für Unterricht, Schulleben, Kiosk und Mensa. Die Einbindung der Schüler*innen durch aktives Tun und die Einbindung in viele Prozesse sollten hierbei überall gewährleistet sein.

Tipp für die Grundschule: Nutzen Sie das Programm „Komm mit in das gesunde Boot" der Baden-Württemberg Stiftung für Ihren Unterricht.

Konzepte für Unterricht, Schule, Mensa, Ganztag und mit Caterer

Bei der Erstellung der Konzepte sollten Sie sich für jeden Bereich folgende Fragen stellen und gemeinsam beantworten. Erarbeiten Sie anhand dieser Leitfragen genaue Schritte und Ziele für Ihre eigene Schule:

Unterricht:
Was muss ich in meiner Klassenstufe und in meinem Fach zum Thema „Gesunde Ernährung" tun?

Gibt es übergeordnete Ziele in meinen Lehrplänen, die ich in meinem Unterricht berücksichtigen muss?

Gibt es Vorhaben in meinem Fach, die ich an das Thema anpassen könnte (Projekte, Schülerfirmen und Co.)?

Wie könnten sich meine Schüler*innen in das Thema einbringen?

Wie könnte ich mich in das Thema einbringen?

Schule:

Wofür stehen wir als Schule aktuell?

Welche Rolle spielt das Thema in unserem Schulleben?

Wohin möchten wir uns als Schule entwickeln?

Wie sieht unsere Zukunftsvision in diesem Bereich aus?

Was wollen wir in welchen Schritten realisieren?

Kiosk:

Wie sieht unser Wunschkiosk in Fragen des Angebots aus?

Wie sieht unser Wunschkiosk in Fragen der gesamten Ausstattung und Gestaltung aus?

Wie soll der Kiosk idealerweise betrieben werden?

Wer könnte wie eingebunden werden?

Wie kommunizieren wir das und an wen?

Mensa/Cafeteria:

Wie sieht unsere Mensa/Cafeteria in Fragen des Angebots aus?

Wie sieht unsere Mensa /Cafeteria in Fragen der Ausstattung aus?

Wie sollen Mensa/Cafeteria idealerweise betrieben werden?

Wer könnte wie eingebunden werden?

Wie kommunizieren wir das und an wen?

Caterer:

Wollen oder müssen wir mit externen Dienstleister*innen arbeiten?

Wie sieht unser Wunschdienstleister*unsere Wunschdienstleister*in aus?

Was bietet er*sie uns und was wünschen wir uns von ihm*ihr?

Welche gemeinsamen Vereinbarungen treffen wir?

Wie können wir uns einbringen?

Ökologische Ausstattung der Räumlichkeiten

Die Räumlichkeiten sollten, wenn sie neu ausgestattet werden, so gestaltet sein, dass die Möbel nicht mit schädlichen Stoffen behandelt und möglichst regional angefertigt sind. Oft können alte Möbel durch die Mitwirkung der Schüler*innen und Lehrkraft ansprechend umgestaltet und weiterverwendet werden. Hier sind idealerweise ökologische Lacke und Farben zu gleichen Preisen zu erwerben und zu nutzen. Sollten Umbauarbeiten nötig sein, wäre die Auswahl eines lokalen Anbieters bei der Ausschreibung des Auftrags vorzuziehen, das spart durch kurze Anfahrtswege Ressourcen ein. Das Energie- und Lichtkonzept sollte energieeffizient angelegt sein.

Vermeidung von Plastik und Verpackungsmüll

In allen Bereichen sollte auf Einmalgeschirr, Einmalbesteck, Strohhalme und Plastiktüten verzichtet werden. Verpackungen zum Mitnehmen, wie To-go-Kaffeebecher und Essensdosen aus Styropor o. Ä., sollten unbedingt vermieden werden und durch entsprechende Mehrwegvarianten ersetzt werden.

Gesunde biologische Ernährung als Alleinstellungsmerkmal

Als Schule müssen Sie heute für Ihre Einrichtung werben. Da die Themen „Nachhaltigkeit und gesunde Ernährung" für einige Familien und ältere Schüler*innen enorm wichtig sind, können Sie mit Ihren Ideen und Konzepten um neue Schüler*innen werben. Auch in den Medien sind diese Themen beliebt, Ihre Schule könnte durch entsprechendes Engagement also, ganz nebenbei, gute PR-Arbeit leisten. Das gelingt allerdings nur, wenn Sie alle gemeinsam planen, entwickeln, die Vorhaben umsetzen und die Werte in der gesamten Schulgemeinde leben.

Schule im Ehrenamt (Tafel, Seniorenheime)

Produkte, die Sie im Schulgarten zu viel anbauen, in der Mensa/Cafeteria nicht mehr verwerten können oder in der Schulküche gezielt produzieren, können Sie mit anderen teilen. Ideale Partner*innen sind hier die „Tafeln", die es in jeder Stadt gibt, oder auch Seniorenheime, die sich über Kooperationen mit ansässigen Schulen ebenfalls freuen. So zeigen Sie Ihre guten Ideen auch außerhalb der Schulgemeinde und Sie bringen sich ehrenamtlich in das Leben

Ihrer Gemeinde oder Stadt ein. Ganz nebenbei werden so auch die sozialen Kompetenzen der Schüler*innen geschult und sie werden vielleicht inspiriert, sich auch nach der Schule ehrenamtlich zu engagieren.

Initiativen für ökologische Schulmensen, Hilfen bei der Umstellung auf Bio

Sie möchten Ihre Schulmensa auf „Bio" umstellen und wissen nicht, wie Sie dies angehen sollen? Sie stehen mit diesen Vorhaben nicht allein da, gerade im schulischen Bereich gibt es zahlreiche Initiativen, die Hilfen und Unterstützung anbieten. Auch die Ministerien auf Länderebene haben Arbeitskreise ins Leben gerufen, die mit Ihnen den Weg zur biologischen, regionalen und nachhaltigen Schulverpflegung gehen. Recherchieren Sie hierzu im Internet unter dem Suchbegriff „Regionale Schulverpflegung" Ihres eigenen Bundeslandes. Die Leitfäden aller Bundesländer sehen ähnlich aus. Sie bieten Ihnen gezielte Hilfen, Ansprechpartner*innen und Kooperationen vor Ort an.

Das sind in diesem Zusammenhang wichtige Fragen:

Warum biologisch und regional einkaufen?

Wie erkennt man diese Produkte?

Wo findet man Anbieter*innen? Wer kann Sie wie regional unterstützen?

Wie stellen Sie sich als Team auf?

Wie sieht es an Ihrer Schule aus?

Wie und was planen Sie?

Welche Ziele haben Sie?

Wie misst man den Erfolg Ihrer Vorhaben?

Wer sind Ihre Ansprechpartner*innen vor Ort?

Schnelle Tipps für gemeinsame Aktionen in Mensa und Schulküche

- Kochen und backen Sie, so oft es geht, gemeinsam und bieten Sie die Produkte in Mensa, Cafeteria und Kiosk an.
- Kochen Sie dabei mit saisonalen, regionalen und biologischen Lebensmitteln.

- Geben Sie den Schüler*innen wichtige Aufgaben und binden Sie sie mit ein, so lernen Sie die einzelnen Zutaten und Zubereitungsprozesse kennen.
- Überlegen Sie, wem Sie mögliche Überschüsse weitergeben können.
- Kaufen Sie möglichst Zutaten ohne Verpackungen ein.
- Besprechen Sie gezielt Energiespartipps für die Küche (Einsatz von Wasserkocher, Spülmaschine, Auswahl der Herdplatten etc.).
- Binden Sie alle Schüler*innen ein. Alle lernen die Arbeit aufzuteilen, miteinander zu kommunizieren, alle erwerben Sozialkompetenz, lernen sich gesund zu ernähren und sich wertzuschätzen. Das ist sehr wichtig, da Kinder und Jugendliche heute immer mehr unter ernährungsbedingten Erkrankungen leiden.
- Arbeiten Sie fächerübergreifend, sodass alle immer wieder für das Thema sensibilisiert werden und die Zusammenhänge verstehen.
- Überlegen Sie, wie Sie die Produkte so anbieten, dass sie bestmöglich verkauft werden. Die Schüler*innen erwerben so erste Kenntnisse in Marketing und Verkauf.
- Genießen Sie miteinander die leckeren Produkte.

Zum Download:

–

Literatur:

umwelt-im-unterricht.de/unterrichtsvorschlaege/wir-entwickeln-eine-nachhaltige-geschaeftsidee/

Verbraucherzentrale Hessen: Check-Up Schulkiosk – Tipps zur gesunden Pausenverpflegung: http://schulkiosk.verbraucher.de/ (Abruf 20.4.2020)

Kompetenzzentrum für Ernährung (KErn) an der Bayerischen Landesanstalt für Landwirtschaft (LfL) /Amt für Ernährung, Landwirtschaft und Forsten Bayreuth (Hg.): Schulessen aus der Region. Praxisleitfaden für eine regionale Schulverpflegung. http://kern.bayern.de/mam/cms03/wirtschaft/dateien/praxisleitfaden_regionale_schulverpflegung.pdf

Ministerium für Ländlichen Raum und Verbraucherschutz (Hg.): Mach's Mahl – Gutes Essen für Baden-Württemberg. Regionale Schulverpflegung – Wie geht das?

https://machs-mahl.de/,Lde/Startseite/Aktuelles/Regionale_Schulverpflegung_wie_geht_das_2018

Im Schulgarten, am Biotop, im Schulwald

In diesem Kapitel erfahren Sie, warum und wie Sie als Lehrkraft, im Kollegium und mit den Schüler*innen naturnahe Lernorte anlegen, gestalten und gemeinsam richtig pflegen können. Die Betreuung dieser Oasen bedeutet zwar viel Arbeit für die Verantwortlichen, die Lerneffekte für die Schüler*innen sind jedoch hoch und die Vorteile für die Umwelt enorm.

Sie erhalten einen Überblick über die wichtigen Kompetenzen und Arbeitsweisen, die so geschult werden, und erfahren, welche Vorteile ein eigener Schulgarten oder ein eigenes Biotop auf dem Schulgelände für die Schulgemeinschaft hat.

Partner in der Schule und außerhalb

Ökologische Lernorte auf dem Schulgelände anzulegen, ist oft mit hohem Aufwand verbunden, das steht außer Frage. Fragen Sie Ihre Schulleitung um Hilfe. Mit deren Einverständnis könnten engagierte Kolleg*innen (idealerweise eines Jahrgangsteams Ihrer Schule) dieses Projekt zum Herzensprojekt machen und mit den Schüler*innen gemeinsam umsetzen. Die Pflege der Oasen in den Folgejahren können dann jeweils alle Klassen eines Jahrgangs übernehmen.

Binden Sie auch hier interessierte Referendar*innen und Praktikant*innen ein, die Sie unterstützen. Manche Gemeinden bieten Hilfe an und Umweltstationen schicken, auf Wunsch, Fachleute für bestimmte Aufgaben, die Sie gezielt beraten und begleiten. Vielleicht haben Sie Kolleg*innen im Team oder Eltern, die sich seit Jahren für den Umweltschutz begeistern oder im Umweltbereich tätig sind. Auch sie sollten idealerweise eingebunden werden. Die Lernziele und die Kompetenzen, die hier bei den Schüler*innen angebahnt werden können, sollen im Folgenden ausführlicher beschrieben werden, ebenso die möglichen Vorhaben.

Lernplankonform und nachhaltig handeln – Kompetenzen schulen

Sie würden solche Lernorte gerne schaffen und im Team betreuen, Ihnen fehlt aber die Zeit dafür, denn Sie müssen ja inzwischen im Unterricht zahlreiche wichtige Kompetenzen schulen? In die Lehrpläne aller Schularten und Bundesländer wurde das Thema „Nachhaltigkeit" in den letzten Jahren bereits aufgenommen und die zuständigen Ministerien fordern die Vermittlung entsprechender Kompetenzen bereits ein. Sie sind mit der Anbahnung von Kompetenzen rund um die Nachhaltigkeit also absolut lehrplankonform. Hier ein kleiner Exkurs zum Thema, welcher Ihnen auch in Gesprächen mit der Schulleitung oder den Eltern helfen kann. Diese Kompetenzen und Arbeitsweisen trainieren die Schüler*innen beim Entwerfen und Bauen umweltgerechter Lernorte auf dem Schulhof (vgl. Weiner 2009).

Personale Kompetenzen. Unter dem Begriff Personale Kompetenzen sind alle Kompetenzen gemeint, die die Lernenden zunächst für sich selbst erlernen müssen, bevor sie weitere Kompetenzen erwerben können. Wenn sich die Lernenden ab dem Grundschulalter in wichtigen Bereichen als kompetent erleben, werden sie auch den weiteren Lebensweg selbstbewusst gehen. Die

Lernenden müssen zunächst die Erfahrung machen: Ich selbst bin wirksam, also selbstwirksam, d.h. ich kann etwas schaffen, etwas erreichen. Sie speichern diese Erkenntnis im Frontalhirn ab und werden so für immer geprägt. Das Kind wird sich im weiteren Leben auch selbstwirksam fühlen und selbstbewusster sein. Eigenes Tun geht aber nicht immer ganz leicht, wie von selbst. Es stellen sich oft zunächst Rückschläge und Probleme ein. Die Lernenden müssen wissen, wie sie mit Enttäuschungen umgehen können, wenn sie ein gestecktes Ziel nicht sofort erreichen (vgl. HÜTHER 2007 in GASSNER 2007, S. 5–25). Eines der wichtigsten Erziehungsziele in diesem Zusammenhang ist das Anbahnen von Selbstständigkeit. Selbstständigkeit stellt sich nicht in einem bestimmten Alter wie von selbst ein. Sie ist vielmehr das Ergebnis eines langen Übungs- und Lernprozesses, der ebenfalls bereits ab dem Grundschulalter angebahnt werden muss. Neugierde fordert dabei zum Herangehen an eine Sache oder ein Problem heraus. Dies führt zum Ausprobieren und schließlich zum Gestalten. Jedes Kind besitzt ein gewisses Maß an kreativen Fertigkeiten und Fähigkeiten. Ihre Entwicklung ist abhängig von den Umweltfaktoren, die das Kind beeinflussen. Durch entsprechende Angebote, auch an Lernorten, können Neugierde, Kreativität und Intelligenz gefördert werden.

Kognitive Kompetenzen. Unter dem Begriff versteht man die Verfügbarkeit von Wissen und Einsichten, die zum Erkennen von Dingen, Sachverhalten, Zusammenhängen und zur Bewältigung intellektueller Aufgaben befähigen sowie problemlösendes Denken (vgl. TENORTH/TIPPELT 2007, S. 414). Der Erwerb dieser Kompetenzen wird für Lernende, in einer sich ständig verändernden Welt, immer wichtiger werden: Was heute gilt, kann morgen längst veraltetes Wissen sein. Deshalb ist es wichtig, dass man Lernenden heute Basiskompetenzen vermittelt, mit denen sie die Anforderungen in der Zukunft bewältigen können. Dies kann auch an Lernorten geschehen. Eine wichtige Kompetenz ist hier die Arten- und Formenkenntnis. Unter Artenkenntnis versteht man die Kenntnis des (wissenschaftlichen) Namens einer Art und ihrer Einordnung in das natürliche System.

Diese Kenntnisse sind für Kinder und Jugendliche von großer Bedeutung:

- Veränderungen zu erkennen. Das ist die Grundlage für nachhaltigen Arten- und Naturschutz.
- Arten zu kennen. Je mehr Arten Kinder kennen, desto leichter fällt es ihnen, Zusammenhänge in den Lebensbeziehungen von Tieren und Pflanzen zu erkennen.

- Probleme lösen zu können. Auch für die Lösung der anstehenden Umweltprobleme sind Artenkenntnisse wichtig, denn Kinder wollen Dinge mit Namen benennen. Wenn ihnen das gelingt, dann können sie sich auch leichter in der Umwelt zurechtzufinden.

- Vielfalt zur erkennen. Wenn die Kinder die Vielfalt der belebten Natur kennen, wird dieser Teil auch Bestandteil ihrer Lebenswelt.

- Wahrnehmung zu schulen. Das bewusste Wahrnehmen von Pflanzen und Tieren ist eine wichtige Grundvoraussetzung zum Aufbau einer emotionalen Beziehung, zum Verständnis und Schutz (vgl. KILLERMANN et al. 2008, S. 254).

Körperliche Kompetenzen. Bewegung ist eine wichtige Grundlage für die kognitive Entwicklung von Schüler*innen. Nur durch ständige Bewegung können sich wichtige Fähigkeiten, wie die Raumwahrnehmung, die Auge-Hand-Koordination und die Grob- und Feinmotorik, richtig entwickeln. Auch für das Selbstwertgefühl und die Entstehung von Selbstständigkeit ist Bewegung von großer Bedeutung. Die Schüler*innen haben in ihrem Umfeld aber immer weniger Bewegungsraum. Einfache, regelmäßige Bewegungsangebote für den Nachmittag sind kaum noch bekannt, außerdem fehlen Räume zum gemeinsamen Spielen. So erklärt sich auch, warum Kinder große Probleme im Bereich Motorik und Koordination haben. Lernorte auf dem Schulhof, die selbst geschaffen wurden, bieten sich als Bewegungsräume sehr gut an. Hier können sie auch am Nachmittag, nach der Schule, Bewegungserfahrungen machen.

Soziale Kompetenzen. Lernende können beim gemeinsamen Schaffen von Lernorten mit anderen Schüler*innen, Lehrkräften und Erwachsenen in Kontakt treten. Sie müssen lernen, Kontakt mit anderen aufzubauen, sich mit ihnen auszutauschen, sie zu verstehen, ihnen zu vertrauen. Das setzt voraus, dass sie miteinander sprechen können und bereit sind, mit ihnen zu kooperieren. Kinder sollten lernen, sich in andere Menschen, egal ob Erwachsene oder Kinder, hineinzuversetzen. Nur so ist ein gemeinsames Miteinander möglich. Das Zusammenleben bringt aber immer auch Konflikte mit sich. Kinder müssen lernen, wie sie sich in Konfliktsituationen verhalten. Darüber hinaus können Kinder bereits früh damit beginnen, ihrem Alter und Entwicklungsstand entsprechend, Verantwortung für ihr eigenes Handeln zu übernehmen. Sie müssen dazu in kleinen Schritten angeleitet werden. Erprobungsfelder können neben der Familie, dem Kindergarten und der Schule auch Einrichtungen sein, die die Kinder am Nachmittag besuchen (vgl. KLAUSS 2007, S. 33–52).

Umweltkompetenz. Eine wichtige Kompetenz ist die Umweltkompetenz. Der Begriff wurde zum ersten Mal im Jahr 1991 vom Amerikaner Orr unter dem Begriff Ecological literacy bzw. Ecoliteracy in Publikationen genannt. Kurz zusammegefasst meint diese Kompetenz: Ökologische Kenntnisse sind wichtig zum Verständnis von Umweltproblemen. Sie sind elementare Grundlage für nachhaltiges Handeln, Umweltschutz und Umweltbildung im Allgemeinen (vgl. FRANK 2002, S. 6).

Wichtige übergreifende Arbeitsweisen schulen

Mit anderen umgehen. An den Lernorten kommen Lernende unterschiedlicher sozialer Herkunft und unterschiedlichen Alters zusammen. Sie können gemeinsam Regeln aufstellen und erproben, Gespräche führen und soziale Erfahrungen machen.

Planen, Projektieren. Die Lernenden können bei der Schaffung der Lernorte kleine Vorhaben verwirklichen. Dabei ist es besonders wichtig, dass sie weitestgehend selbstständig und kooperativ an die Aufgabe herangehen und auftretende Probleme lösen. Hierzu gehört, dass die Kinder stets über ihr eigenes Tun reflektieren.

Beobachten. Die Lernenden können Phänomene und Vorgänge in der Natur erfassen, die Beobachtungen ggf. festhalten und auch weitergeben (z. B. an Eltern, Freunde und Geschwister).

Experimentieren, Untersuchen, Konstruieren. Die Lernenden können durch eigenes Handeln etwas herausfinden. Sie sollen zunächst Fragen formulieren, Arbeitsschritte bewusst planen und durchführen, Ergebnisse dokumentieren und reflektieren sowie Zusammenhänge erkennen.

Probleme lösen und kritisch denken. Die Kinder können Sachprobleme erkennen, nach Erklärungen suchen und ihre Erkenntnisse herausarbeiten.

Grüne Oasen auf dem Schulgelände schaffen

Was können grüne Oasen sein und wie schaffen Sie diese auf Ihrem Schulgelände, um die oben beschriebenen Kompetenzen zu schulen und Arbeitsweisen anzubahnen? Von einigen dieser besonderen Lernorte haben Sie sicherlich schon einmal gehört? Vielleicht haben Sie die ein oder andere Idee mit Schüler*innen bereits umgesetzt? Alle Lernorte auf Ihrem Schulgelände haben das Ziel, die Artenvielfalt zu unterstützen und mit den Schüler*innen nachhaltig zu handeln. Ich möchte Ihnen wichtige Lernorte kurz vorstellen, die Sie auf dem Schulgelände gestalten können, und Ihnen Hilfen zur Umsetzung geben. Ich habe über 10 Jahre als außerschulischer „Partner" verschiedene Projekte mit Schüler*innen und Lehrkräften realisiert. Ich möchte jeweils einleitend kurz auf wichtige Hintergründe eingehen. Danach geht es mir darum, Ihnen Möglichkeiten vorzustellen, die sich relativ leicht umsetzen lassen. Ich möchte Ihnen auch zeigen, wie Sie an diesen Lernorten nach der Schaffung weiterarbeiten.

Bau von Trockenmauer und Totholzhaufen

Hintergrundinformation. Bauen und Konstruieren ist Thema in verschiedenen Lehrplänen, das Thema lässt sich im Klassenzimmer, aber insbesondere auch draußen umsetzen und gut mit dem Lehrplanthema „Nachhaltigkeit" kombinieren. Steine und Bäume üben eine große Faszination auf Schüler*innen aus. Diese Begeisterung können Sie für den Unterricht nutzen und gleichzeitig etwas für den Natur- und Umweltschutz an Ihrer Schule tun. Bauen Sie mit Schüler*innen jeden Alters eine Trockenmauer oder einen Totholzhaufen für verschiedene Tiere, deren Lebensraum in unserer Natur gefährdet ist. Das sind in der Trockenmauer z. B. Grabwespen und Wildbienen, Spinnen, Eidechsen oder Kröten. Bepflanzen Sie die Trockenmauer mit Pflanzen, die die Tiere im Lebensraum „Trockenmauer" benötigen. Weitere Pflanzen werden sich ansiedeln. Die Totholzhaufen bieten Vögeln, Kleinsäugern, Amphibien oder verschiedenen Gliederfüßern Lebensräume.

Umsetzung. Näheres zum Bau von Trockenmauer und Totholzhaufen finden Sie im Download „Anlage eines Biotops aus verschiedenen Elementen, Trockenmauer/Totholzhaufen".

Ergebnis. Die Schüler*innen lernen wichtige Tiere und Pflanzen kennen und erfahren etwas über ihr Verhalten, ihre Lebensweise, ihre Bedürfnisse, ihre Anpassung an einen bestimmten Lebensraum. Sie lernen durch eigenes Tun, was passiert, wenn man neue Lebensräume schafft und erkennen ökologische Zusammenhänge einfacher. Am neu geschaffenen Lernort bieten sich Langzeitbeobachtungen an, um in jeder Jahreszeit etwas Neues über die Tiere und Pflanzen zu erfahren.

Bau von Nisthilfen

Hintergrundinformation. Immer mehr Vögel und Fledermäuse verlieren ihre Lebensräume, da natürliche oder angestammte Lebensräume in der Natur verschwinden. Das können bei den Vögeln Bruthöhlen in Bäumen sein, bei den Fledermäusen alte Dachböden in unsanierten Häusern. Nisthilfen sind ideale Lernorte für die Schüler*innen, an denen die Tiere, ihr Verhalten, ihre Lebensräume gut studiert werden können. Gleichzeitig lernen die Schüler*innen, welche Nahrung nötig ist, will man die Tiere erfolgreich auf das Schulgelände und in den Schulgarten locken. Nicht nur dort sind Nisthilfen interessant. Auch im Dach der Schule können Nistkästen angebracht werden. Zum Teil ist die Beobachtung des Inneren einer Nisthilfe mit einer Kamera/Webcam sehr interessant.

Umsetzung. Näheres zum Bau von Nisthilfen für verschiedene Tierarten finden Sie im Download „Anlage eines Biotops aus verschiedenen Elementen, Nisthilfen für Hummeln, Erdkröten, Vögel, Igel und Fledermäuse".

Ergebnis. Anhand der selbstgebauten Nisthilfen können die Schüler*innen im Jahreslauf zahlreiche Kompetenzen erwerben und schulen, wie das Beobachten und Kennenlernen von heimischen Tierarten, die besonderen Schutz benötigen. Sie können Wissen darüber aufbauen, wie sie Lebensräume für gefährdete Tierarten schaffen und die Natur schützen, sie schulen ihre Feinmotorik und ihr handwerkliches Geschick.

Bau einer Insektennistwand

Hintergrundinformation. Insektennistwände, auch Insektenhotels genannt, sieht man heute überall. Sie dienen dem wichtigen Schutz solitärer Wildbienen und anderer Insektenarten, die aufgrund der Veränderungen in unserer Natur sogar vom Aussterben bedroht sind. Jede Wildbienenart sammelt Nektar bei einer Pflanze oder Pflanzengattung. Geht deren Bestand zurück, stirbt auch die Wildbiene aus. Auch natürliche Nistmöglichkeiten für die Wildbienen gehen durch die Versiegelung von Flächen und durch das Verschwinden toter Bäume stark zurück. Wenn Sie in der Schule ein solches Insektenhotel bauen, erregt es idealerweise die Aufmerksamkeit der Eltern und Besucher*innen und ein gewisser Nachahmungseffekt für das Anbringen von Nisthilfen im elterlichen Garten setzt oftmals ein.

Umsetzung. Näheres zum Bau eines Insektenhotels für verschiedene Wildbienenarten finden Sie im Download „Anlage eines Biotops aus verschiedenen Elementen, Insektennistwand".

Ergebnis. Durch die skizzierte Insektennistwand oder ein vergleichbares anderes Modell und die so geschaffene Infrastruktur finden spezialisierte Bienenarten ein reiches Angebot an Nahrungspflanzen und ausreichend Materialien für ihren Nestbau, wie Wasser, Lehm oder Pflanzenteile. Für die hohlraumbewohnenden solitären Bienen- und Wespenarten können mit der Insektennistwand zusätzliche Nistplätze in großer Zahl geschaffen werden. Die Erfolge dieser Maßnahmen sind erfreulich. Die Lernenden könne handlungsorientiert und entdeckend lernen. Durch das Verarbeiten verschiedener Materialien, wie Ton, Stroh und Weiden, können nahezu alle Sinne angesprochen und wichtige Kompetenzen trainiert werden. Die Lernenden sind beim Bau der Insektennistwand ständig in Bewegung und können dabei ihre motorischen Fähigkeiten verbessern. Das gemeinsame Arbeiten auf engem Raum und in neuem Betätigungsfeld erfordert von den Lernenden immer wieder Absprachen untereinander. Durch die Zusammenarbeit mit den Mitschüler*innen können die sozialen Kompetenzen der Kinder verbessert werden. Durch den Bau der Insektennistwand kann diese besondere Lebenswelt gefördert und sichtbar gemacht werden. Bereits während des Baus können die Schüler*innen zahlreiche zu erwartende Arten beobachten und viele davon bestimmen. Vor allem die verwendeten Baumaterialien und die Nistplätze der Insekten liefern Rückschlüsse zu Arten und Gattungen. Ein Fangen zur genaueren Bestimmung aller Wildbienenarten ist nach dem BUNDESNATURSCHUTZGESETZ von 2002 (BUNDESMINISTERIUM DER JUSTIZ 2002, 38 S.) nicht erlaubt. Außerdem stehen ihre Nistplätze, also auch die Nistwand, unter strengem Schutz. Durch die aktive Auseinandersetzung und regelmäßige Beobachtungsphasen nach der Fertigstellung können die Lernenden ihre Arten- und Formenkenntnis vertiefen.

Einen Schulgarten anlegen

Hintergrundinformation. Schulgärten waren der Anfang von naturnahen Lernorten in der Schule und sind heute aktueller denn je. Wichtige Pädagogen und Reformpädagogen machten sich in verschiedenen Epochen für sie stark. Zunächst ohne weitreichenden Erfolg, doch in den 1980er-Jahren nahm das Interesse am Thema zu, denn unsere Natur war damals sehr gefährdet. In den USA entstanden Bewegungen u.a. zur Schulgartenarbeit, die sogenannte

Outdoor-Biology und das Flow-Learning von Joseph Cornell, welches heute immer noch recht bekannt ist. In den 1990er-Jahren konnte STAROSTA in einer empirischen Untersuchung folgende Ergebnisse erzielen: „Lernen an Lernorten verhilft zu mehr Lebensnähe und zu Primärerfahrungen. Die originale Begegnung an Ort und Stelle spricht alle Sinne an und lässt uns die Natur erleben. Es wird nicht nur die kognitive, sondern auch die affektive Ebene in die Lernerfahrung einbezogen, so entsteht eine emotionale Beziehung zur Natur. Die Wertvorstellungen können beeinflusst werden und es entsteht eine verantwortungsvolle Haltung. Lernen an Lernorten weckt ein stärkeres Interesse an Biologie und führt zu besseren Lernerfolgen bei ökologischen Themen. Insbesondere leistungsschwächere Kinder haben einen höheren Lernzuwachs“ (vgl. STAROSTA 1991, S. 422–431). Ausgehend von neuesten Resultaten der Gehirnforschung (HÜTHER, SPITZER) nimmt man an, dass Kinder durch eigene positive Erlebnisse, die sie in der Natur machen können, am ehesten zu einer Veränderung ihres Umweltverhaltens geführt werden können. Wie bereits beschrieben, fehlt den Kindern dieser Erfahrungsraum. Durch die Schaffung von Lernorten und das Lernen an diesen kann man die Defizite ausgleichen.

Umsetzung. Näheres zur Gestaltung eines Schulgartens finden Sie im Download „Anlage eines Biotops aus verschiedenen Elementen, Schulgarten“.

Fortführung. Das Ergebnis der Schulgartenarbeit, nach der eigentlichen Gestaltung der Fläche, ist eine auf Dauer angelegte Umwelterziehung durch eigenes Tun und Übernahme von Verantwortung in der Gemeinschaft, das gute Kennenlernen und Beobachten von Tieren und Pflanzen, die eigene Produktion von Obst und Gemüse.

Gestaltung eines Biotops/eines Schulteichs

Hintergrundinformationen. Ideal für den Umwelt- und Naturschutz ist die Erstellung eines Biotopkomplexes mit einem naturnahen Schulteich, mithilfe dessen für zahlreiche Wildtiere Strukturen geschaffen und die Artenzahl der Tiere auf dem Schulgelände erhöht werden kann. Dabei arbeiten die Lernenden handlungsorientiert, entdeckend und mit allen Sinnen. Durch die Begegnung mit Tieren lernen die Schüler*innen Respekt, nicht nur vor den geliebten Haustieren, sondern auch im Umgang mit den weniger niedlichen Wildtieren. Durch den Bau eines Schulteichs können Sie den Grundstein für einen Biotopverbund auf Ihrem Schulgelände legen oder den Biotopverbund erweitern, wenn bereits Schulgarten, Trockenmauern oder Nisthilfen vorhanden sind. Sie leisten so einen großen Beitrag zum Umwelt- und Naturschutz auf Ihrem Schulgelände und schaffen Lernorte mit Zukunft.

Umsetzung. Näheres zur Gestaltung eines Schulteichs finden Sie im Download „Anlage eines Biotops aus verschiedenen Elementen, Teich".

Ergebnis. Der entstehende Schulteich bietet Lebensraum und Beobachtungsraum für Insekten und Amphibien sowie andere Tierarten. Zahlreiche Pflanzenarten können hier eingebracht werden, ihr Wachstum beobachtet und ihre Bedeutung für die Tiere und die Natur erkannt werden. Die Arbeiten und Langzeitbeobachtungen am Schulteich können kontinuierlich fortgeführt werden, sodass die Schüler*innen nicht nur lernen, gemeinsam einmalig als Team etwas zu bauen, sondern gemeinsam für etwas langfristig einzustehen und es fachlich richtig weiterzuentwickeln.

Betreuung eines Schulwalds

Hintergrundinformation. Die Bedeutung des Waldes für uns Menschen wird aktuell immer wieder thematisiert. Wald ist ein absolutes In-Thema! Sollten Sie die Möglichkeit haben, Wald aus Privatbesitz oder städtischem Besitz mit Ihrer Schule zu nutzen, dann tun Sie es. Die Chancen sind allerdings eher gering. Was sehr schade ist, denn ein Schulwald ist ein besonderer Teil eines Biotopverbundes. Die Kinder lernen Tiere und Pflanzen kennen, erfahren durch aktives Tun Zusammenhänge, erkennen, wie sie die Natur schützen können, indem sie verantwortungsvoll und nachhaltig handeln. Im Schulwald kann fächerübergreifend gelernt und gearbeitet werden.

Umsetzung. Projektidee „Ein eigener Schulwald"

Ergebnis. Im Wald kann über viele Jahre miteinander gearbeitet und gelernt werden: Mit Fachleuten können Baumpflanzaktionen durchgeführt werden, Nisthilfen für Vögel und Fledermäuse können gebaut, angebracht und betreut werden, Landart-Projekte, Waldsäuberungsaktionen, die Pflege der Pflanzen vor Ort, der Bau eines Insektenhotels und Waldsofas kann sich anschließen und die Schüler*innen können individuell ein Herbarium mit Waldpflanzen anlegen.

Zum Download:

Anlage eines Biotops aus verschiedenen Elementen

Projektidee „Ein eigener Schulwald"

Literatur:

WEINER, WOLFGANG (2009): Schaffung von Lernorten in Augsburg unter dem Gesichtspunkt des Arten- und Naturschutzes, dargestellt an Projekten mit Kindern im Grundschulalter. Unveröffentlichte Diplomarbeit, Lehrstuhl für Physische Geografie und Quantitative Methoden, Universität Augsburg, Kapitel 2.

GASSNER, E. (2007): Voraussetzungen für optimales Lernen. Schaffhausen: K2 Verlag, S. 5–25.

TENORTH, H.E./TIPPELT, R. (Hg.) (2007): Beltz Lexikon Pädagogik. Weinheim und Basel: Beltz, S. 414.

KILLERMANN, W./STAROSTA, B./HIERING, P. (2008): Biologieunterricht heute. Eine moderne Fachdidaktik, 12. überarbeitete Aufl., Donauwörth: Auer, S. 254.

KLAUSS, K./ LAUX, M./ HERTEL, S. (2007): Soziale Kompetenzen gezielt fördern. Praktische Übungen, Spiele und Geschichten für den Kindergarten, Donauwörth: Auer, S. 33–52.

FRANK, NIKOLAUS (Hrsg.) (2002): Umweltkompetenz als neue Kulturtechnik. Donauwörth: Auer, S. 6.

BUNDESMINISTERIUM DER JUSTIZ (Hrsg.) (2002): Bundesnaturschutzgesetz vom 25. März 2002, zuletzt geändert durch Artikel 3 des Gesetzes vom 22. Dezember 2008, Berlin.

STAROSTA, B. (1991): Empirische Untersuchung zur Methodik des gelenkt-entdeckenden Lernens in der freien Natur und über den Einfluss der Unterrichtsform auf kognitiven Lernerfolg und Interesse für biologische Sachverhalte. In: Der mathematische und naturwissenschaftliche Unterricht, 47 Jg., H. 7, S. 422–431.

Im Klassenzimmer

In diesem Kapitel zeigen wir Ihnen als Lehrkraft, wie Sie mit Eltern und Kindern im Klassenzimmer ganz einfach nachhaltig handeln können. Inzwischen gibt es viele umweltfreundliche Produkte für den Alltag, Möglichkeiten, Ressourcen einzusparen, und Ideen, mit denen Sie die Natur ins Klassenzimmer holen können, um die Schüler*innen für die Themen Nachhaltigkeit, Umwelt- und Artenschutz zu begeistern.

Partner in der Schule und außerhalb

Nachhaltiges Verhalten im Klassenzimmer gelingt am besten, wenn Sie kooperieren. Suchen Sie sich Kolleg*innen, die ihr Klassenzimmer ebenfalls umweltbewusster gestalten möchten und binden Sie auch die Schulleitung in Ihr Vorhaben ein. Vielleicht wäre das Thema auch etwas für Referendar*innen, die in ihrer Ausbildung aktuelle Ideen in Unterricht und Schulleben umsetzen müssen. Ganz wichtige Partner*innen sind die Schüler*innen und ihre Eltern. Gemeinsam mit ihnen gelingen Veränderungen im Klassenzimmer besonders gut.

Umweltbewusst in die Schule starten

Dieser Tipp ist speziell für Lehrkräfte von Schulanfänger*innen gedacht. Sie treten vor Schulbeginn mit den Eltern in Kontakt und informieren sie über alle Abläufe und die benötigten Materialien zum Schulbeginn. Vielleicht ist auch die Schultüte Thema? Natürlich gehört die Schultüte zum Schulstart, das steht außer Frage. Allerdings werden die Inhalte immer teurer und beim Kauf der Schultüte und beim Befüllen mit Süßigkeiten und Schulmaterialien entsteht eine große Menge Plastik- und Verpackungsmüll. Seit ein paar Jahren ist deshalb die ökologische Schultüte in aller Munde.

Erinnern Sie die Eltern deshalb doch daran, dass es umweltbewusster und nachhaltiger ist, Schultüten idealerweise aus Recyclingmaterialien oder ökologischen Materialien für das neue Schulkind und die Geschwisterkinder selbst zu basteln und sie mit „gesundem Inhalt“ zu füllen. Liefern Sie doch die Bastelanleitung gleich mit (Elternbrief zur Schultüte, Bastelanleitung und DIY-Schultüte). Vielleicht regen Sie die Eltern auch an, die „alten“ Schultüten der älteren Geschwister neu zu gestalten und einfach wiederzuwenden. Das spart Geld, schont die Umwelt und die alten Schultüten verstauben nicht ungenutzt im Kinderzimmer oder auf dem Dachboden.

Einige Anbieter von Bioprodukten geben auf Ihren Internetseiten bereits spezielle Tipps für den Schulstart. Weltläden bieten umweltbewusste Schultüten und gesunde Inhalte an. Auch wunderbare handgefertigte Schultüten aus Naturmaterialien sind im Internet von zahlreichen Anbieter*innen zu finden. Noch besser ist es, in kleineren Wohnorten zusätzlich mit dem lokalen Ladengeschäft zu kooperieren und zu bitten, ökologische Produkte anzubieten.

Geeignete Inhalte können zum Beispiel sein: Bio-Kindertee, gesunde Snacks wie getrocknetes Obst oder Nüsse, ökologische Buntstifte, umweltbewusste

Trinkflaschen, Brotdosen aus Metall und vieles mehr. Gutscheine für gemeinsame Aktionen mit dem Kind sind ideal geeignet. Inhalte aus Plastik sollten vermieden werden.

Wie wäre es außerdem mit einer Kunstaktion gleich nach Schulbeginn, zu der sie die Schultüten, in Absprache mit den Eltern, in einem Upcyclingprojekt, wiederverwenden. Bearbeiten Sie die Schultüten mit ökologischen Materialien (z. B. Zeitungspapier) oder lassen Sie sie, wie sie sind, und hängen Sie die Schultüten in gleichmäßigen Abständen an der Decke auf. Das geht sehr gut im Klassenzimmer oder Schulflur.

Überblick über die Ausstattung eines Klassenzimmers

Seit Jahren arbeiten Sie im Klassenzimmer mit der gleichen Ausstattung. Sie haben eine bewährte Materialliste, sie haben eine Auswahl an Papier, Stiften, Bastelmaterialien. Gehen Sie trotzdem einmal die Materialien durch und misten Sie aus, was heute nicht mehr den ökologischen Standards entspricht. Nehmen Sie dabei nicht nur die Materialien in den Blick, sondern Ihre gesamte Klassenzimmer-Ausstattung.

- Sind die Schulmöbel ökologisch?
- Verwenden Sie energiesparende Elektrogeräte?
- Arbeiten Sie bereits mit dem Whiteboard, Tablet oder anderen digitalen Angeboten?
- Welche Getränkebehältnisse verwenden Sie in Ihrer Klasse (Becher, Flaschen, Tetrapacks®)?
- Setzen Sie schädliche Stoffe und behandelte Materialien ein oder kaufen Sie bereits Gegenstände und Materialien, die umweltbewusst sind? Nutzen Sie bereits wiederverwendbare Gegenstände und Produkte?
- Gehen Sie sparsam mit Ressourcen um?
- Greifen Sie oft zu Recycling-Materialien?
- Wo kaufen Sie die Materialien ein? Kennen Sie ökologische Anbieter*innen von Schulprodukten?

- Welche Regeln zum Energiesparen und Recycling können Sie in Ihrer Klasse einführen?
- Wie können Sie persönlich durch Ihre Materialien mit gutem Beispiel vorangehen?
- Haben Sie Ihr Klassenzimmer bereits mit Zimmerpflanzen ausgestattet? Das Blattgrün wirkt sich positiv auf die Atmosphäre aus und die Schüler*innen lernen etwas über die Bedürfnisse von Pflanzen.

Zum Download:

Elternbrief zur Schultüte

Bastelanleitung DIY-Schultüte

Literatur:

BAINDL, B. (2008): Wo es wirklich zählt: Schulen und Kindergärten. In: World Changing. Das Handbuch der Ideen für eine bessere Zukunft. München: Knesebeck GmbH & Co. Verlag KG, S. 55f.

SCHLUMBERGER, A. (2006): 50 Einfache Dinge, die Sie tun können, um die Welt zu retten und wie Sie dabei Geld sparen. München: Wilhelm Heyne Verlag.

STEFFEN, A. (2008): World Changing. Das Handbuch der Ideen für eine bessere Zukunft. München: Knesebeck GmbH & Co. Verlag KG.

Schulranzen, Turnbeutel und Co.

Der Schulranzen, der wichtigste Begleiter des Kindes im Schulalltag. Sie geben vor, was das Kind braucht, und arbeiten dabei eng mit den Eltern zusammen. Gemeinsam können Sie nachhaltig handeln und viel für die Umwelt tun. Geben Sie die hilfreichen Tipps einfach an die Eltern weiter.

Partner in der Schule und außerhalb

Beim Kauf von Schulranzen, Mäppchen und Schulmaterialien sind die Eltern wichtige Partner*innen. Zeigen Sie Ihnen die Bedeutung ökologischer und ressourcenschonender Materialien auf und machen Sie deutlich, dass diese auch für kleine Geldbeutel erschwinglich sein können. Denken Sie über Sammelbestellungen bei entsprechenden Ökoanbietern oder lokalen Händler*innen nach. Regen Sie die Eltern an, Gegenstände aus dem Haushalt für die Schule zu sammeln.

Die richtige Wahl des Schulranzens

Vor dem Schulstart geht es los! Der erste Schulranzen wird ausgesucht! Oft werden auch Sie um Rat gefragt! Deshalb ein kurzer Exkurs zum Thema Schulranzen. Heutzutage verfügen die Schulranzen über eine Menge Features, sie sind verkehrssicher, ergonomisch und sehr stabil. Umweltbewusst sind sie jedoch oft nicht. Aktuell untersuchte Ökotest elf Schulranzen, nur drei davon wurden mit gut bzw. sehr gut getestet. Andere Modelle wiesen eine Belastung mit den Schadstoffen Blei, Quecksilber und Weichmachern auf. https://www.oekotest.de/kinder-familie/Schulranzen-Test-Nur-drei-Ranzen-empfehlenswert_111642_1.html. Diese sind schädlich für das Kind und die Umwelt. Zudem werden die üblichen Schulranzen oft in Asien produziert, über die Arbeitsbedingungen in den Firmen ist oft nichts bekannt. Will man einen umweltfreundlichen Schulranzen empfehlen oder kaufen, der zudem noch sicher und bequem zu tragen ist, geht die Suche los! Zahlreiche Anbieter*innen bieten heute Taschen aus Recycling-Materialien an. Diese sind leider oft für Schulanfänger ergonomisch nicht sinnvoll. Es gibt einzelne Hersteller, die umweltbewusst handeln, in der Produktion auf Schadstoffe verzichten und beispielsweise ökologische Projekte unterstützen.

Plastikfreie Federmäppchen

Die Federmäppchen der Kinder haben heute oft etwas gemein. Sie bestehen hauptsächlich aus Kunststoffen und sind stark gefärbt. Das Design spielt für die Kinder eine große Rolle. Die Mäppchen werden oft befüllt angeboten, auf die „ökologische Brille“ wird bei der Herstellerfirma nicht geachtet. Stifte, Radiergummi und Co. im Federmäppchen müssen oft gegen die von Ihnen gewünschten Stifte oder ökologische Produkte ausgetauscht werden. Das bedeutet eine zusätzliche Verschwendung von Ressourcen. Es gibt heute jedoch sinnvollere Alternativen. Sie bestehen aus diversen Recycling-Materialien (Saftverpackungen, alten Fahrradschläuchen, Planen) oder Lederresten. Die Exemplare aus Recycling-Materialien sind allerdings sogenannte Schlampermäppchen und eher für ältere Schüler*innen geeignet, Schulanfänger sollten Ledermäppchen nutzen, die heute oft aus pflanzlich gegerbtem Leder bestehen und die typische Ordnungsmöglichkeit bieten.

Ökologische Turnbeutel

Turnbeutel für den Sportunterricht bestehen heute oft aus Kunstfasern. Das ist schädlich für die Umwelt. Statt Turnbeuteln aus Kunstfasern bieten sich deshalb Zuziehbeutel aus Baumwolle an, wenn möglich, in unbedruckter Form oder aus Recyclingstoffen. Diese sind heute oft gerade bei älteren Schüler*innen beliebt und werden auch nach der Schule gerne getragen.

Ökologische Regenkleidung

Regenkleidung ist oft durch Schadstoffe belastet und somit auch gesundheitsschädlich, beim Kauf für die Schule sollten Eltern darauf achten, dass Regenhose, Regenjacke und Gummistiefel ökologisch hergestellt und für Kinder gesund sind. Erinnern Sie die Eltern noch einmal daran. Das Verbrauchermagazin „Ökotest“ liefert regelmäßig aktuelle Testergebnisse und ökologische Anbieter*innen gesunde Alternativen.

Umweltfreundliche Einkaufsliste

Wenn Sie eine Einkaufsliste für die neuen Schüler*innen zusammenstellen, denken Sie nicht in erster Linie an die Umwelt und empfehlen die bewährten Klassiker. Vielleicht ist die Zeit nun reif für eine ökologische oder faire Einkaufsliste?

- Fairtrade und chlorfrei gebleichte Schulhefte und Blöcke (Recyclingpapier und FSC-zertifizierte Holzprodukte)
- Heftumschläge aus stärkerem Altpapier
- Holzlineale
- Schnellhefter aus Pappe und nicht aus Plastik (wiederverwendbar)
- Spitzer aus Holz
- Stifte aus unbehandeltem Holz (ohne Lackierung)
- Filzstifte auf Wasserbasis (ohne Lösungsmittel), Verzicht auf Textmarker, keine zusätzlichen Plastikummantelungen bei Stiften und Kreiden
- Radiergummi aus Kautschuk, nicht aus Kunststoff
- Kleber sollte ohne Lösungsmittel auskommen und auf Wasserbasis hergestellt werden.
- Empfehlen Sie für den Unterricht ökologische Knete aus nachwachsenden Rohstoffen, die zudem gesundheitlich unbedenklich sind. Eine gute Alternative ist das Erstellen und Verwenden von Salzteig.
- Frühstücksbox aus Metall, nicht aus Plastik
- Getränkeflaschen aus Glas mit Flaschenhülle aus gefüttertem Stoff oder Kork
- Wasserfarbkasten mit austauschbaren Elementen zum Nachfüllen
- Tintenpatronen von Tintenrollern und Füllfederhaltern bestehen aus Plastik und sind bei einigen Anbietern zusätzlich bunt bedruckt. Umweltfreundlicher wäre die Nutzung von Kolbenfüllern, die mit Nachfülltinte aus Gläsern befüllt werden. Diese sind allerdings für Schüler*innen selten. Alternativ gibt es Firmen, die für Füller ihrer Marke sogenannte Konverter anbieten. Diese können mit loser Tinte befüllt werden. Bitten Sie die Eltern auch darauf zu achten, wo die Produkte produziert sind. Die Herstellung in Deutschland oder Europa spart Transportkosten und Ressourcen, ist aber selten.

- Werden in höheren Klassen Kugelschreiber eingesetzt, so sollten diese Austauschminen besitzen und/oder zertifizierte Kugelschreiber aus Holz sein. Das Holz ist in der Regel zertifiziert.
- Auf Tintenkiller sollte, wenn möglich, verzichtet werden, da diese Plastikmüll produzieren und umweltschädliche Stoffe enthalten.

Wiederverwerten, nicht wegwerfen

- Ein Tipp vom Bund Naturschutz: „Frischen Sie eingetrocknete Filzstifte mit Essig auf." (https://www.bund-naturschutz.de/oekologisch-leben/schule-und-buero/schulmateralien.html)
- Es gibt inzwischen Programme auch für Schulen, die das Ziel haben, alte Stifte und Korrekturmittel sachgerecht zu sammeln und zu recyceln (Hawelti e. V., TerraCycle). Jede Lieferung wird entlohnt, die Einnahmen können an Projekte für Nachhaltigkeit und Umweltschutz gestiftet werden oder Sie lassen das Geld in entsprechende Projekte an Ihrer Schule einfließen.
- Deckel von Kopierpapierschachteln können als Ablage für den Wochenplan genutzt werden.
- Alte Arbeitsblätter oder Tapeten können auf der Rückseite bemalt oder beschrieben werden. Auch bei der Erstellung von Lapbooks,Wandzeitungen und Plakaten können sie Verwendung finden.
- Werfen Sie Materialien erst dann weg, wenn sie wirklich verbraucht sind und nicht mehr aufgefüllt werden können. Empfehlen Sie generell nur auffüllbare Materialien, keine Wegwerfprodukte.
- Regen Sie an, Haushaltsmaterialien, wie leere Klorollen, Tetrapaks®, Zeitungspapier, Walnussschalen oder Weinkorken, zu Hause zu sammeln. Sie können sehr gut im Kunstunterricht wiederverwendet werden. Eierkartons können gut im Sachunterricht oder Biologieunterricht im Rahmen der Pflanzenaufzucht verwendet werden. Buchtipp: Manon Sander: Kunst aus einfachen Materialien, Bände 1,2,3, Auer Verlag, Donauwörth.

- Altes Sperrholz aus Opas Keller kann in der Schule noch sinnvoll verwendet werden, z. B. im Werk- oder Kunstunterricht. Auch alte Möbel aus den Elternhäusern können im Klassenzimmer Verwendung finden.
- Stoffreste und alte Bettwäsche können im Textilunterricht eingesetzt werden.
- Alte Bücher aus zweiter Hand können in der Klassenbibliothek eingesetzt werden.
- Nicht mehr benötigte Pflanzen und alte Blumentöpfe können im Klassenzimmer und Unterricht wiederverwendet werden.

Zum Download:

–

Literatur:

SANDER, MANON (2008–2010): Kunst aus einfachen Materialien, Bände 1, 2, 3, Auer Verlag, Donauwörth.

BAINDL, B. (2008): Wo es wirklich zählt: Schulen und Kindergärten. In: World Changing. Das Handbuch der Ideen für eine bessere Zukunft. München: Knesebeck GmbH & Co. Verlag KG, S. 55f.

SCHLUMBERGER, A. (2006): 50 Einfache Dinge, die Sie tun können, um die Welt zu retten und wie Sie dabei Geld sparen. München: Wilhelm Heyne Verlag.

STEFFEN, A. (2008): World Changing. Das Handbuch der Ideen für eine bessere Zukunft. München: Knesebeck GmbH & Co. Verlag KG.

https://www.oekotest.de/kinder-familie/Schulranzen-Test-Nur-drei-Ranzen-empfehlenswert_111642_1.html

https://www.laessig-fashion.de/ueber-laessig

https://www.aruzzitaugo.com/federmappchen.html

https://www.hawelti.de/de/unterstuetzer/stift-recycling-programm.html

In den Fachräumen

Werkraum, Kunstraum, Chemieraum: Hier benötigt man besonders viele Materialien, hier fällt in der Schule häufig besonders viel Müll an. So können Sie besonders nachhaltig und umweltschonend handeln. Wir zeigen Ihnen, wie es geht!

Partner in der Schule und außerhalb

Nachhaltiges Verhalten in den Fachräumen erreichen Sie am besten, wenn alle Kolleg*innen an einem Strang ziehen. Jede Fachlehrkraft sollte eingebunden werden, eine Bestandsaufnahme in ihrem Raum durchführen, Maßnahmen überlegen und diese mit anderen abstimmen und verabschieden. Diese Überlegungen können dann in ein Schulumweltkonzept einfließen.

Gesundheitsschädliche Materialien vermeiden

Nutzen Sie in den Fachräumen, soweit möglich, ökologisch unbedenkliche Stoffe, auch wenn diese in der Anschaffung teurer sind. Gehen Sie sparsam mit Materialien um, nutzen Sie auch hier Recyclingprodukte und senken Sie den Abfall auf ein Minimum. Erklären Sie auch den Schüler*innen, welche Produkte „gut" und welche „weniger gut" für die Umwelt sind, nur so entsteht bei ihnen ein faktenbasiertes Verständnis für das Thema.

Nutzung bereits angeschaffter Materialien

Prüfen Sie in den Fachräumen die Anschaffung neuer Materialien kritisch und kaufen Sie in den Fachräumen nur Dinge, die wirklich nötig sind. Statten Sie vorher einmal den Lagerräumen Ihrer Schule einen Besuch ab. Oft finden sich dort Sachen, die in Vergessenheit geraten sind, aber noch wunderbar im Unterricht eingesetzt werden können.

Fachgebundene oder fächerübergreifende Projekte zum Thema

Führen Sie im Fachunterricht Projekte zum Thema durch, die den Schüler*innen durch eigenes Handeln das Thema näherbringen. Das können Projekte im Kunstunterricht, Sach- oder Biologieunterricht oder übergreifende Projekte (zum Beispiel im Rahmen einer Projektwoche) sein. Interessante Themenschwerpunkte können sein: Wasserverbrauch, Fair-Trade, Gesunde Ernährung oder Konsum.

Zum Download:

Auf dem Weg zum Umweltkonzept

Literatur:

BAINDL, B. (2008): Wo es wirklich zählt: Schulen und Kindergärten. In: World Changing. Das Handbuch der Ideen für eine bessere Zukunft. München: Knesebeck GmbH & Co. Verlag KG, S. 55f.

SCHLUMBERGER, A. (2006): 50 Einfache Dinge die Sie tun können, um die Welt zu retten und wie Sie dabei Geld sparen. München: Wilhelm Heyne Verlag.

STEFFEN, A. (2008): World Changing. Das Handbuch der Ideen für eine bessere Zukunft. München: Knesebeck GmbH & Co. Verlag KG.

Im Lehrer*innenzimmer

In diesem Kapitel soll es um Sie gehen und Ihren Rückzugsort an der Schule: das Lehrer*innenzimmer. Auch im Lehrer*innenzimmer können Sie etwas für den Schutz der Umwelt tun, gemeinsam mit allen Kolleg*innen. Auf den Stammtischen Ihrer Klassen können Sie Ihre Ideen und Ihr Konzept dann ungezwungen an die Eltern weitergeben, sodass bald die ganze Schulgemeinde die neuen Werte lebt.

Partner in der Schule und außerhalb

Ihr eigenes privates Verhalten und das Ihrer Kolleg*innen ist in diesem Kapitel wichtig. Sie entscheiden darüber, wie Sie sich im „privatesten“ Raum der Schule, dem Lehrer*innenzimmer, verhalten wollen. Auch die Schulleitung sollte hier natürlich involviert sein und die Maßnahmen mittragen und mitleben.

Mein eigenes Verhalten als Lehrkraft

Testen Sie Ihren jeweils eigenen ökologischen Fußabdruck. Vorlagen von diversen Anbieter*innen finden Sie dazu im Internet. Oder Sie stellen sich einfach mal diese Fragen. Danach wissen Sie zunächst einmal, wo Sie persönlich stehen und was Ihnen persönlich jeweils wichtig ist. Aus diesem vielleicht sehr heterogenen Bild lassen sich neue Verhaltensweisen fürs Miteinander im Lehrer*innenzimmer ableiten.

Denken Sie über eigene Veränderungen nach!

Ernährung:

- Wo kaufen Sie ein (im Discounter, im Supermarkt, im Biomarkt, auf dem Wochenmarkt, im Internet)? Wie kommen Sie dorthin (zu Fuß, mit dem Autor mit öffentlichen Verkehrsmitteln)?
- Kaufen Sie gerne Produkte aus saisonaler und regionaler Produktion oder ist Ihnen die Herkunft der Produkte eher egal?
- Kaufen Sie oft zu viel ein und werfen Sie Dinge weg? Sagt Ihnen der Begriff „Foodsharing“ etwas?
- Kaufen Sie Produkte eher verpackt oder unverpackt?
- Welche Verpackungen oder Aufbewahrungsdosen kaufen Sie?

Zuhause:

- Welche Möbel besitzen Sie?
- Wie reinigen Sie diese? Achten Sie auf Reiniger mit Umweltsiegel?
- Wie waschen Sie? Wie trocknen Sie?

- Haben Sie einen Garten?
- Wie trennen Sie Ihren Müll?

Kleidung:

- Welche Kleidung kaufen Sie wo und wie oft ein?
- Kaufen Sie Second-Hand-Kleidung ein oder tauschen Sie Kleidung?
- Kaufen Sie Kleidung ökologischer Marken?

Lebensweise und Hobbys:

- Wie bewegen Sie sich fort?
- Was tun Sie darüber hinaus für den Schutz der Natur und der Ressourcen?

Unser grünes Lehrer*innenzimmer

Nachdem jede*r von Ihnen den eigenen ökologischen Fußabdruck ermittelt hat, vereinbaren Sie miteinander, wie Sie sich im Lehrer*innenzimmer zukünftig nachhaltig verhalten wollen. Die Vereinbarungen müssen ganz individuell auf Ihr Lehrer*innenzimmer zugeschnitten sein, damit sie funktionieren. Achten Sie jedoch besonders auf Müllvermeidung und Mülltrennung, insbesondere im Bereich Ihrer täglichen Kopien. Verwenden Sie Dinge des täglichen Lehrer*innenlebens wieder und vermeiden Sie umweltschädliche Produkte (laminierter Vertretungsplan und Aufsichtsplan, kein Einmalgeschirrgeschirr in der Küche, keine schädlichen Verpackungen und Folien etc.). Kaufen Sie benötigte Dinge fürs Lehrer*innenzimmer neu, dann achten Sie darauf, dass diese umweltschonend und unter guten Arbeitsbedingungen möglichst in der Nähe hergestellt wurden. Beziehen Sie lokale Händler*innen mit ein, das schont die Umwelt und unterstützt die Wirtschaft in Ihrer Region.

Zeitschaltuhren für Heizung und Beleuchtung

Das Lehrer*innenzimmer ist nur zu bestimmten Zeiten besetzt und wird von zahlreichen Personen genutzt. Wer ist dann zuständig für die sachgerechte Einstellung von Heizung und Licht? Oft niemand! Deshalb bieten es sich aus

Gründen des Ressourcenschutzes an, hier die Einstellung mit Zeitschaltuhren zu regeln. Heizung und Beleuchtungen gehen dann aus, wenn sie nicht mehr benötigt werden.

Das richtige Papier

Verwenden Sie unbedingt Recyclingpapier in allen Situationen des Schulalltags. So sorgen Sie dafür, dass Energie, Wasser und Ressourcen eingespart werden.

Die digitale Bibliothek

Kaufen Sie statt der üblichen Bücher für Ihre Lehrer*innenbibliothek E-Books oder erwerben Sie eine Schulmitgliedschaft in einem Online-Portal.

Nachhaltige Lebensmittel in der Küche

Schaffen Sie für die Küche im Lehrer*innenzimmer ausschließlich ökologische Produkte aus der Region an und setzen Sie, wo dies nicht möglich ist, auf Fairtrade-Erzeugnisse (z. B. bei Kaffee oder Zucker). Achten Sie beim Einkauf auch darauf, auf welchem Weg Sie die Produkte besorgen.

Grüne Klassenfahrten und Ausflüge

Tauschen Sie sich im Lehrer*innenzimmer über „grüne“ Ausflüge und Klassenfahrten aus. Diese boomen im Moment! Binden Sie dazu auch lokale Anbieter*innen und Fachleute vor Ort ein. Bei der Planung müssen Sie folgende Aspekte neu denken: Welches Reiseziel ist ökologisch? Wie reisen wir an und nach Hause? Wie bewegen wir uns vor Ort umweltschonend? Wo und wie übernachten wir? Wie verpflegen wir uns? Welche Aktivitäten unternehmen wir vor Ort? Wäre ein ökologisches Rahmenthema denkbar?

Ökologische Lokale für Lehrer*innenfeste und Stammtische

Unterstützen Sie auf Lehrer*innenfesten und Stammtischen der Schulgemeinde Anbieter von Lokalen, die ökologisch ausgerichtet und gut mit öffentlichen Verkehrsmitteln erreichbar sind.

Fahrgemeinschaften

Kommen Sie im Lehrer*innenzimmer mit den Kolleg*innen über mögliche Fahrgemeinschaften oder die gemeinsame Radtour zur Schule ins Gespräch.

Zum Download:

Schnelle Checkliste für die Planung einer nachhaltigen Klassenfahrt

Literatur:

BAINDL, B. (2008): Wo es wirklich zählt: Schulen und Kindergärten. In: World Changing. Das Handbuch der Ideen für eine bessere Zukunft. München: Knesebeck GmbH & Co. Verlag KG, S. 55f.

SCHLUMBERGER, A. (2006): 50 Einfache Dinge die Sie tun können, um die Welt zu retten und wie Sie dabei Geld sparen. München: Wilhelm Heyne Verlag.

STEFFEN, A. (2008): World Changing. Das Handbuch der Ideen für eine bessere Zukunft. München: Knesebeck GmbH & Co. Verlag KG.

www.ressourcen-rechner.de (Ressourcen-Rechner vom Wuppertal-Institut)

Der Hausmeister und die Reinigungskräfte

Die Einbindung des Hausmeisters und der Reinigungskräfte ist essenziell, wenn Sie an Ihrer Schule nachhaltig leben und handeln möchten. Gerade im Bereich „Reinigung des Schulhauses und Hygiene“ kann viel getan werden, allerdings sind Abläufe seit Jahren an der Schule verankert und Veränderungen fallen nicht immer leicht. Hier erfahren Sie, wie Sie Hausmeister und Reinigungskräfte ins Boot holen und gemeinsam nachhaltig und ressourcenschonend agieren.

Partner in der Schule und außerhalb

Ihr Schulverwaltungsamt ist für die Einstellung und Betreuung von Hausmeister und Reinigungspersonal zuständig. Wenn Sie möchten, dass die Angestellten des Schulverwaltungsamtes Ihre Ideen mit umsetzen, dann ist es sinnvoll, diese mit in die Planungen einzubeziehen. Viele Schulverwaltungsämter haben Nachhaltigkeitsziele ebenfalls auf Ihrer Agenda und sind offen für das Thema.

Profil des Hausmeisters oder Gebäudemanagers

Ein Hausmeister oder Gebäudemanager hat eine Fülle an Aufgaben, die Verwaltung und Betreuung des Schulgebäudes und Schulgeländes, die Betreuung aller Anlagen sowie die Durchführung und Überwachung von Reparaturen und vieles mehr; an jeder Schule sind durch die Digitalisierung neue Aufgaben hinzugekommen. Nachhaltigkeit hat dabei nicht für jeden Hausmeister oder Gebäudemanager höchste Priorität. Sie sollten ihn dennoch unbedingt mit ins Boot holen, wenn Sie sich auf den Weg zur nachhaltigen Schule machen. Der Hausmeister und sein Reinigungsteam müssen viele Vorhaben umsetzen, die ganz wichtig sind auf dem Weg zur nachhaltigen Schule, ohne den Hausmeister geht es nicht. Es gibt jedoch positive Beispiele, die an Ihrer Schule für Motivation sorgen können. So wurde ein Hausmeister in Baden-Württemberg schon vor über zwanzig Jahren für sein hohes Engagement in Fragen der Nachhaltigkeit an seiner Schule mit einem gut dotiertem Kulturpreis der SPD Ditzingen ausgezeichnet: Durch seinen nachhaltigen Umgang mit Müll, Wasser und Reinigung, durch sein Verhalten in Energiefragen, Naturschutz an der Schule oder den Kauf umweltfreundlicher Produkte konnte er seine Schule unter dem Stichwort „Nach uns nicht die Sintflut“ nachhaltig entwickeln und auf die Zukunft vorbereiten. Lesen Sie selbst nach: https://schulen.verdi.de/++file++5342c91baa698e55f2000172/download/schulhausmeister_-_ein_beruf_im_wandel.pdf Schon damals ein echter Vorreiter für die heute so aktuelle Thematik!

Schnelle Veränderungen auf dem Weg zur Nachhaltigkeit

Schnelle Veränderungen können vom Hausmeister überall auf dem Schulgelände und im Schulhaus umgesetzt werden:

- Teilnahme des Hausmeisters und der Reinigungskräfte an einem Seminar zum Thema.
- Im Schulgelände können die Leuchtmittel durch LED-Leuchten ersetzt werden. Zeitschaltuhren und Bewegungssensoren können die Beleuchtung dort regeln, wo sich nicht immer Personen aufhalten, z. B. in den Schultoiletten.
- In den Schultoiletten kann ein Umstieg auf Textilhandtuchautomaten erfolgen (In Zeiten der Corona-Pandemie sind Einmaltücher aus Altpapier eine Alternative.), Wasserhähne sollten so eingestellt sein, dass sie nach kurzer Zeit automatisch ausgehen. Mit etwas größerem Aufwand ließe sich die Umstellung der Toilettenspülung auf Regenwassernutzung realisieren.
- Die Einstellung der Heizung kann so angepasst werden, dass sie nur dann läuft, wenn sie benötigt wird.
- Die Mülltrennung in allen Bereichen der Schule sollte durch das Angebot aller wichtiger Tonnen ermöglicht werden.
- An allen Computern und elektronischen Geräten sollten Zwischenstecker mit Ausschaltfunktion angeschlossen werden, die den Stand-by-Modus der Geräte unterbrechen und so Strom sparen.
- Der Schulgarten und weitere Grünzonen können möglichst naturbelassen bleiben, wenig gemäht und mit Nisthilfen aufgewertet werden. In den Bau der Kästen sollten auch die Schüler*innen eingebunden werden. Im Schulgarten könnte relativ einfach eine Kompostmöglichkeit für den schuleigenen Bioabfall installiert werden. Auch eine Regenwurmkiste wäre denkbar, die dann im Unterricht eingesetzt werden kann. Die so entstehende Erde kann als Düngemittel im Schulgarten eingesetzt werden, so lernen die Schüler*innen wichtige Kreisläufe kennen.
- Regenwasser sollte in Tonnen aufgefangen werden und zum Gießen genutzt werden.

- Es sollten auf dem Schulgelände Park- und Unterstellmöglichkeiten für Fahrräder zur Verfügung gestellt werden. Diese könnten zusätzlich begrünt werden und so die Biodiversität auf dem Schulgelände fördern.

Langfristiges ökologisches Handeln

Auch in langfristige Veränderungen können Hausmeister und Reinigungskräfte eingebunden werden:

- in den Bau einer Solaranlage
- in den Austausch von Fenstern, Heizungen und Co.
- in den Kauf neuer Niedrigenergiegeräte für das Schulleben
- in die Umsetzung von energieschonenden Reinigungsverfahren
- in die komplette Umgestaltung von Pausenhof und Schulgelände im ökologischen Sinn.

Auswahl der Reinigungsmittel

- Größere Neuanschaffungen im Bereich Hausmeisterwerkstatt und Putzkammer sollten nur getätigt werden, wenn sie unbedingt benötigt werden. Oftmals ist es sinnvoll, zunächst zu ermitteln, welche Dinge an der Schule bereits vorhanden, jedoch aus dem Blickfeld verloren gegangen sind. Ökologische Gesichtspunkte sollten bei nötigen Neuanschaffungen Berücksichtigung finden.
- Zum Reinigen sollten ausschließlich umweltschonende Produkte verwendet werden, die wenig Verpackung besitzen. Die vorhandene Verpackung und auch das Putzwasser sollten sachgerecht entsorgt werden können.
- In der Schultoilette sollten Recycling-Toilettenpapier und Seife aus großen Gebinden eingesetzt werden, die in vorhandene Behälter nachgefüllt werden. Besonders geeignet sind dabei kontaktlose Geräte, die mit Sensoren arbeiten.

An der Schule sollte generell Streusalz durch Sand, Kies oder Sägespäne ersetzt werden.

Zum Download:

–

Literatur:

Verdi: Wir vom Fach. Schulhausmeister, Ein Beruf im Wandel, vom Hausmeister zum Gebäudemanager, Berlin, o. J.

https://schulen.verdi.de/++file++5342c91baa698e55f2000172/download/schulhausmeister_-_ein_beruf_im_wandel.pdf

Im Lehrer*innenarbeitszimmer

Was in der Schule umgesetzt wird, sollte in Ihrem Arbeitszimmer – im Kleinen – fortgesetzt werden. Sie erhalten einfache Tipps, die Sie zu Hause ohne Aufwand umsetzen können.

Sparsamer Umgang mit Material

Haben Sie schon mal über ein papierfreies Arbeitszimmer nachgedacht? Versuchen Sie möglichst papierarm zu arbeiten und planen Sie Ihren Unterricht mit Recyclingmaterialien. Nutzen Sie alte Kopien als Schmierpapier.

Nutzung digitaler Angebote

Greifen Sie beim Kauf neuer Bücher auf E-Books und Downloads zurück.

Nachhaltig einkaufen

Kaufen Sie möglichst nachhaltig ein und unterstützen Sie Anbieter*innen vor Ort.

Umgang Austausch von Leuchten

Machen Sie eine Bestandsaufnahme und ersetzen Sie alte Leuchten durch LED-Leuchten. Schalten Sie immer das Licht aus, wenn Sie Ihr Büro verlassen.

Einstellung der Heizung

Heizen Sie nur, wenn Sie im Arbeitszimmer sind und überheizen Sie den Raum nicht unnötig. Die DGUV Information 215-520 zum Klima im Büro besagt Folgendes „Demnach ist es bei 20 bis 22 Grad Celsius sehr angenehm zu arbeiten, wobei die empfohlene Luftfeuchtigkeit zwischen 40 und 60 Prozent liegt.“

Energieeffiziente Geräte, Zeitschaltuhren, Abschalten statt Stand-by-Modus

Messen Sie mit einem kostengünstigen Strommessgerät den Verbrauch Ihrer Geräte und ermitteln Sie Ihre Kosten. Sie werden überrascht sein. Die Stromfresser ersetzen Sie nach und nach durch neue energieeinsparende Geräte. Gut für Umwelt und Portemonnaie.

Energieverbrauch beim Kaffee- und Teekochen, die Herkunft der Produkte im Blick

Auch Kaffeeautomat und Wasserkocher sollten Sie testen und ggf. austauschen. Haben Sie auch die Herkunft Ihrer Tee- und Kaffeeprodukte im Blick? Wählen Sie Produkte aus ökologischem und/oder fairem Anbau.

Zum Download:

Mein Energie-Check im Arbeitszimmer

Literatur:

BAINDL, B. (2008): Wo es wirklich zählt: Schulen und Kindergärten. In: World Changing. Das Handbuch der Ideen für eine bessere Zukunft. München: Knesebeck GmbH & Co. Verlag KG, S. 55f.

SCHLUMBERGER, A. (2006): 50 Einfache Dinge, die Sie tun können, um die Welt zu retten und wie Sie dabei Geld sparen. München: Wilhelm Heyne Verlag.

STEFFEN, A. (2008): World Changing. Das Handbuch der Ideen für eine bessere Zukunft. München: Knesebeck GmbH & Co. Verlag KG.

Die DGUV Information 215-520 zum Klima im Büro

Ihre Downloads

Auf dem Weg zum Umweltkonzept

Die aktuelle Situation an Ihrer Schule

Was tun Sie aktuell für die Natur und Umwelt an Ihrer Schule und im Unterricht? Starten Sie eine Umfrage bei Schüler*innen, im Kollegium, den Eltern, den weiteren Mitarbeiter*innen der Schule.

Es gibt inzwischen einige Webtools, mit dem das Feedbackeinholen oder Umfragengestalten einfach umzusetzen ist. Vielleicht nutzen Sie ja bereits die Adkimo®-App, die Apps Kahoot® oder Survey Monkey® an Ihrer Schule? Prüfen Sie vor jeder Einführung einer App immer die rechtlichen Rahmenbedingungen im Rahmen der DSGVO (Datenschutzgrundverordnung) und die Vorgaben Ihrer Behörden.

Fragen zur Bestandsaufnahme

Für Erwachsene

- Heizung, Licht, Wasserverbrauch und Altwassernutzung? Wie gehen wir mit den Ressourcen an unserer Schule um?
- Wie sieht unser Müllmanagement aus? Wo fällt Müll an der Schule an? Wie gelingt uns die Mülltrennung? Wie vermeiden oder reduzieren wir aktuell Müll?
- Wie ist die Verkehrssituation an unserer Schule? Sind wir damit zufrieden?
- Spielt das Thema Natur an unserer Schule bereits eine Rolle im Schulleben?
- Welche Umweltbildungsmaßnahmen setzen wir im Unterricht um?
- Gibt es AGs, Umweltgruppen oder engagierte Lehrkräfte oder Eltern, die sich für das Thema stark machen?
- Wann, wie oft und in welchen Fächern finden unsere Aktionen für die Natur statt?
- Wie ist das Schulgelände gestaltet?
- Gibt es an unserer Schule auftretende Störungen durch umweltbedingte Einflüsse (z. B. Abgase in der Innenstadt, Lärm durch Autos etc.)?
- Wo wünschen Sie sich Unterstützung? Wer soll Sie unterstützen?

Für Kinder

- Wenn Heizung und Licht in der Schule genutzt werden, verbraucht man Energie. Die Energie ist eine Art Kraft, die zum Beispiel aus der Sonne, aus dem Wasser, aus Öl oder Gas gewonnen wird.
- Doch die Energie ist nicht unbegrenzt vorhanden. Wir müssen sparsam mit Energie umgehen.
- Tun wir dies an unserer Schule oder verschwenden wir auch manchmal Energie? Was fällt dir in der Schule auf?

- Auch unser Süßwasser ist wertvoll, denn es befindet sich im Wasserkreislauf und wird nicht mehr. Wir müssen es deshalb schützen und sorgsam mit ihm umgehen. Tun wir das an unserer Schule? Was fällt dir auf? Diese Stichwörter helfen dir bei deiner Antwort: Klospülung, Wasserhahn, Regentonne auf dem Schulhof.
- Entsteht an der Schule Müll? Wo wird er gesammelt? Hast du schon mal etwas von Mülltrennung gehört? Trennt ihr in der Schule euren Müll?
- Wie schaffst du es, dass Müll gar nicht erst entsteht?
- Wie kommst du morgens zur Schule und wieder nach Hause?
- Was gefällt dir daran gut? Was findest du weniger gut?
- Sprecht ihr im Unterricht über die Wiese, den Wald, das Wasser oder die Hecke? Sprecht ihr über Tiere und Pflanzen?
- Gefällt dir euer Schulhof? Wenn du dir etwas für den Schulhof wünschen könntest, was wäre es?
- Bist du in einer Gruppe für Naturfreunde? In der Schule oder in deiner Freizeit?

Aufbau und Inhalt des Umweltkonzepts

Sie haben nun gemeinsam ermittelt, welchen Stellenwert das Thema Natur in Unterricht und Schulleben hat und wie das gemeinsame Verhalten von allen Mitgliedern der Schulgemeinschaft wahrgenommen wird. Nun geht es an die Formulierung Ihrer Ziele und Ihres Naturschutzkonzepts.

- Name unserer Schule
- Grundlage für den Schutz der Natur in unseren Gesetzen und Lehrplänen
- Übersicht über die betroffenen Bereiche in unserer Schule und ihre speziellen Herausforderungen (Sporthalle, Aula, Fachräume etc.)
- Unsere gemeinsamen Werte
- Unsere Ziele für die Natur
- Unsere Themen, die wir gemeinsam im Unterricht angehen möchten
- Unsere Themen, die wir als Schulgemeinschaft angehen möchten
- Unsere Themen, die wir mit Eltern und unseren Partner*innen angehen möchten
- Unsere Regeln zum Schutz der Umwelt
- Wie wir unsere Aktionen erklären und präsentieren möchten (Pressearbeit, Ausweisung der Regeln im Schulhaus etc.)
- Unterschrift aller Beteiligter (Lehrkräfte, Mitarbeiter*innen, Schüler*innen, ggf. Eltern und Partner*innen)

Möglichkeiten zur nachhaltigen Mobilität an Ihrer Schule

Schulwegplanung/Schulmobilitätsplan

Gemeinden und Städte sind als Schulträger verpflichtet für die Sicherheit der Schüler*innen auf dem Weg zu sorgen. Individuelle Schulwegpläne oder Schulmobilitätspläne erleichtern die Umsetzung im Alltag, haben sich jedoch noch nicht überall flächendeckend durchgesetzt. Oft erfolgt die Entwicklung auch mit freiwilligen Gruppen der Stadt (z. B. Agenda- oder Bürgergruppen) oder auf Initiative einer engagierten Schulleitung. Die Situation ist in jedem Bundesland ganz unterschiedlich, dennoch macht ein gut durchdachtes Konzept Sinn und schützt die Kinder auf dem Weg zur Schule. Fühlen diese sich sicher, werden sie den gemeinsamen Weg zu Fuß mit Freunden einer Fahrt im Elterntaxi vorziehen. So wird Energie eingespart, Verkehrschaos vor der Schule vermieden und die Natur geschützt.

Was macht ein gutes Konzept aus?

- Zunächst müssen die tatsächlichen Schulwege der Kinder, mit Einbeziehung der Eltern, ermittelt werden.
- Die Ergebnisse müssen in einen ersten Schulwegplan umgesetzt werden.
- Dieser muss mehrfach von Kindern und Erwachsenen erprobt, diskutiert und ggf. angepasst werden. Gefahrenstellen werden so erkannt und können umgangen werden.
- Der Schulweg muss verabschiedet werden, in Abstimmung mit der Schulleitung.
- Der Schulweg muss markiert werden mit farbigen Aufklebern in Fußform.
- Der Schulweg muss bekannt gemacht werden. Die Eltern erhalten entsprechende Briefe oder E-Mails mit Hinweisen.
- Den Schüler*innen sollten klare Regeln mit auf den Weg gegeben werden, die ihnen einen sicheren Schulweg ermöglichen, diese müssen auf Ihre Schulsituation abgestimmt sein, z. B. Zeit für den Schulweg einplanen, helle Kleidung oder Westen tragen, nicht vom Schulwegplan abweichen, in Kommunikation mit anderen Verkehrsteilnehmenden sein und auf parkende Autos achten.
- Der Schulweg und die Regeln müssen immer wieder mit Eltern und Lehrkräften trainiert werden.

Fahrrad- und Mobilitätstraining und Fahrradwerkstatt an der Schule

Das bisherige Fahrradtraining in höheren Grundschulklassen reicht heutzutage oft mehr nicht aus. Schon von Beginn der Klasse 1 an, sollten Schüler*innen altersgemäße Übungen angeboten bekommen, die sie fit machen als aktive Teilnehmer*innen im Straßenverkehr. Mobilitätserziehung enthält heute in Lehrplänen außerdem Angebote zur Schulung der Motorik und zur Beschäftigung mit verschiedenen Mobilitätsformen.

Sichere Fahrradabstellmöglichkeiten

Aus Angst, ihr Fahrrad könnte beschädigt werden, kommen Schüler*innen und Lehrkräfte lieber mit dem Elterntaxi oder dem eigenen Auto in die Schule. Die Schaffung sicherer und überdachter Fahrradabstellmöglichkeiten sorgt hier für einfache Abhilfe. Zudem könnten diese einfachen Gebäude zusätzlich begrünt werden, so schaffen sie Wohn- und Nistraum für Tiere.

Fahrgemeinschaften für Lehrkräfte

Die Lehrer*innenparkplätze an allen Schulen sind gut gefüllt. Denken Sie doch mal über eine Fahrgemeinschaft mit Kolleg*innen nach.

Fahrtkostenzuschuss für öffentliche Verkehrsmittel beantragen

Prüfen Sie doch einmal für Ihr Bundesland und Ihr Dienstverhältnis (Angestellte Lehrkraft, Beamter*Beamtin, Referendar*in), ob Ihnen ein Fahrtkostenzuschuss für öffentliche Verkehrsmittel zusteht. Nutzen Sie diesen und steigen Sie auf öffentliche Verkehrsmittel um.

Nutzung eines Jobrads

Eine weitere gute Idee für den Schulweg kommt aus Baden-Württemberg. Hier wird gerade die Einführung des Jobrads für alle Landesbeamten*Landesbeamtinnen auf den Weg gebracht, um die Umwelt zu schützen. Eine Beitrag zum Umweltschutz, der vielleicht auch bald anderswo übernommen wird.

Ökologisch unterwegs

Ökologische Klassenfahrten sind im Trend. Planen Sie auch hier immer die Nutzung ökologischer Fahrzeuge ein. Gestalten Sie das Programm so, dass die Schüler*innen immer wieder Möglichkeit erhalten, ökologisch unterwegs zu sein (Radtouren, Wanderungen, Roller-Skate-Touren etc.)

AOK-Aktion

Die Krankenkasse AOK führt seit einigen Jahren eine erfolgreiche Aktion für Gesundheit und Umweltschutz durch: Mit dem Rad zur Arbeit.

https://www.aok.de/fk/betriebliche-gesundheit/bewegung-am-arbeitsplatz/aok-aktion-mit-dem-rad-zur-arbeit/ Vielleicht wäre eine solche Aktion auch etwas für Sie? Sie bleiben gesund, aktiv und schonen die Umwelt.

Auto-Frei-Tage oder Auto-Frei-Wochen
Eine weitere Aktion für Sie: Verzichten Sie doch einmal gemeinsam an einem bestimmten Tag in der Woche oder einem festgelegten Zeitraum aufs Auto und kommen ökologisch in der Schule.

Aktionstag
Es gibt im Jahreslauf diverse Gedenk- und Aktionstage. Machen Sie am 22.9. doch mal mit beim weltweiten Aktionstag „Zu Fuß zur Schule“. Sie liefern an diesem Tag gemeinsam einen Beitrag zum Umwelt- und Klimaschutz.

Checkliste „Mein Energieverbrauch"
Wo nutzt du an einem Schultag Energie? Kreuze an!

Mein Tagesplan	Diese Energie nutze ich?
Guten Morgen! Schreibe auf, was du morgens zu Hause alles tust!	☐ Ich nutze Licht. ☐ Ich nutze Strom aus der Steckdose. ☐ Ich nutze Geräte, die mit Akku laufen. ☐ Ich drehe die Heizung an. ☐ Ich nutze warmes Wasser.
Ich bin auf dem Weg zur Schule. Mit welchem Verkehrsmittel?	☐ Ich verbrauche keine Energie. ☐ Ich verbrauche Energie. Welche?
Wo bin ich? Schreibe auf (im Klassenzimmer, im Fachraum, in der Turnhalle)!	☐ Ich nutze Licht. ☐ Ich nutze Strom aus der Steckdose. ☐ Ich nutze Geräte, die mit Akku laufen. ☐ Die Heizung läuft. ☐ Ich nutze warmes Wasser.
Ich gehe zwischendurch zur Toilette. Was fällt mir hier auf?	☐ Ich nutze Licht. ☐ Ich nutze Strom aus der Steckdose. ☐ Ich nutze Geräte, die mit Akku laufen. ☐ Die Heizung läuft. ☐ Ich nutze kaltes Wasser. ☐ Ich nutze warmes Wasser.

Mein Tagesplan	Diese Energie nutze ich?
Ich gehe in die Pausen. Welche Energie nutze ich auch noch: __________ __________ __________ __________ __________ __________	☐ Ich nutze Licht. ☐ Ich nutze Strom aus der Steckdose. ☐ Ich nutze Geräte, die mit Akku laufen. ☐ Die Heizung läuft. ☐ Ich nutze kaltes Wasser. ☐ Ich nutze warmes Wasser.
Ich esse zu Mittag. Welche Energie nutze ich auch noch: __________ __________ __________ __________ __________ __________ __________	☐ Ich esse gekochte Speisen. ☐ Ich nutze Licht. ☐ Ich nutze Strom aus der Steckdose. ☐ Ich nutze Geräte, die mit Akku laufen. ☐ Die Heizung läuft. ☐ Ich nutze kaltes Wasser. ☐ Ich nutze warmes Wasser.
Ich bin auf dem Weg nach Hause. Mit welchem Verkehrsmittel? __________ __________ __________ __________ __________	☐ Ich laufe oder radele und verbrauche keine Energie. Super! ☐ Welches Fahrzeug? __________ __________ Welche Energie verbraucht es? __________ __________

Mein Tagesplan	**Diese Energie nutze ich?**
Ich mache Hausaufgaben. __________ __________ __________ __________ __________ __________ __________	☐ Ich nutze Licht. ☐ Ich nutze Strom aus der Steckdose. ☐ Ich nutze Geräte, die mit Akku laufen. ☐ Die Heizung läuft. ☐ Ich nutze kaltes Wasser. ☐ Ich nutze warmes Wasser.
Das sind meine Hobbys. __________ __________	Hierbei verbrauche ich diese Energie. __________
Es gibt Abendbrot. __________ __________ __________ __________ __________ __________ __________	☐ Wie werden die Gerichte zubereitet? ☐ Ich nutze Licht. ☐ Ich nutze Strom aus der Steckdose. ☐ Ich nutze Geräte, die mit Akku laufen. ☐ Die Heizung läuft. ☐ Ich nutze kaltes Wasser. ☐ Ich nutze warmes Wasser.

Mein Tagesplan	Diese Energie nutze ich?
So verbringe ich meine Zeit vor dem Schlafengehen. __________ __________ __________ __________ __________ __________	◯ Ich nutze Licht. ◯ Ich nutze Strom aus der Steckdose. ◯ Ich nutze Geräte, die mit Akku laufen. ◯ Die Heizung läuft. ◯ Ich nutze kaltes Wasser. ◯ Ich nutze warmes Wasser.
Ich gehe gleich ins Bad und danach ins Bett. Gute Nacht!	Hierbei verbrauche ich diese Energie. __________ __________

Wir werden Energie-Detektive!

Tipp 1

Ausgehend von den Untersuchungen zum eigenen Energieverbrauch, gestalten die beteiligten Schüler*innen gemeinsam mit den Lehrkräften ein Plakat oder eine Wandzeitung. Sie versuchen, eine solche Zusammenstellung für den Schulalltag zusammenzutragen, ggf. nutzen die Schüler*innen ihre Ergebnisse und ergänzen diese. Sie stellen dar, wo überall in der Schule Energie genutzt wird. Sie überlegen, wo Energie in der Schule eingespart werden kann und ergänzen dies auf dem Plakat oder der Wandzeitung. Sie schreiben einen Brief an die Schulleitung, mit dem Hinweis, was geändert werden könnte.

Tipp 2

Interessierte Lehrkräfte und Schüler*innen bilden eine Gruppe und treffen sich regelmäßig, um sich ganz genau und durch verschiedene Lernzugänge mit dem Thema Energie an der Schule zu beschäftigen. Sie ermitteln den Energieverbrauch für die gesamte Schule, planen Einsparmöglichkeiten und überwachen diese. Die Gruppe beschäftigt sich auch mit dem Thema Mülltrennung.

Tipp 3

Stadtwerke bilden Energiedetektive an Schulen aus

Engagierte Kooperationspartner*innen sind wichtig. Gut lässt es sich mit den Stadtwerken Ihrer Gemeinde oder Stadt zusammenarbeiten. In größeren Städten verfügen die Stadtwerke über ein eigenes Programm für Kinder und Jugendliche. Eine besondere Aktion mit Schüler*innen im schulischen Kontext ist die Ausbildung von interessierten Schüler*innen zu Energiedetektiv*innen. Die Schüler*innen erfahren von Fachleuten, wie sie das Klima schützen können, lernen die Zusammenhänge rund um Energie und Wasser besser verstehen und werden geschult, andere Mitglieder der Schulgemeinde kompetent zu beraten. Die Ausbildung erfolgt in der Regel sehr spielerisch und ist an die jeweilige Altersgruppe, Grundschüler*innen und Sekundarstufenschüler*innen, angepasst. Theorie und praktisches Erleben wecken bei den teilnehmenden Schüler*innen ein Interesse am Thema und tragen dazu bei, dass sie in ihrer Schule eine Vorbildfunktion wahrnehmen und andere begeistern können. Egal, ob Lehrkraft oder Hausmeister!

„Müll trennen – Müll vermeiden" – Spiel

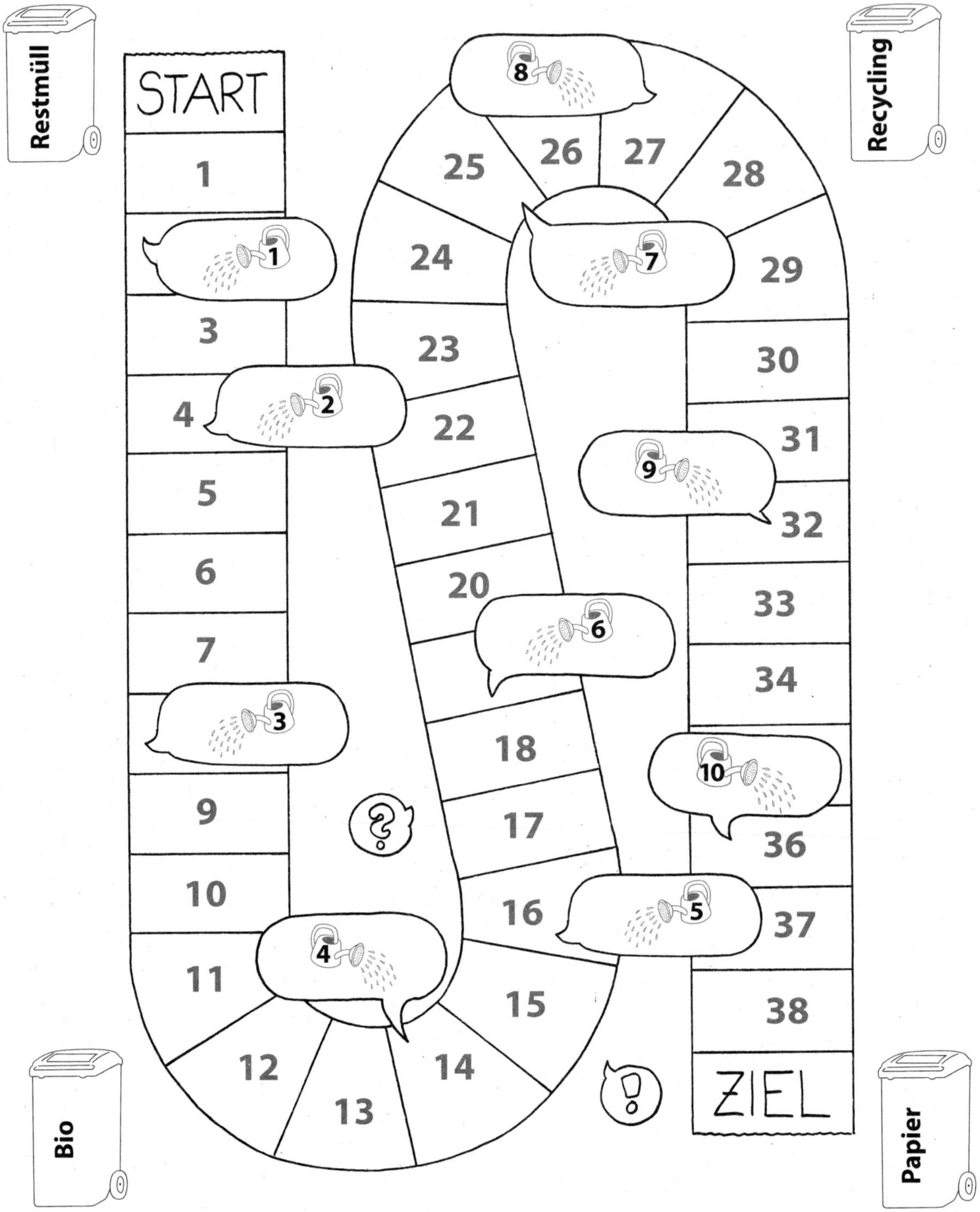

Spiel „Müll trennen – Müll vermeiden“ – Spielkarten

Geben die Schüler*innen umweltfreundliche Antworten, dürfen Sie vorrücken, noch einmal würfeln etc. Ist die Antwort wenig umweltfreundlich, bitte zurückgehen, aussetzen, auf dem Feld verbleiben etc.

1

Ich werfe am liebsten alles in eine Mülltonne.

Einmal aussetzen!

2

Ich kann sofort sagen, was in welche Tonne kommt: Joghurtbecher, Obstschale, Spielzeug, Zeitung.

Super, 4 Felder vor.

3

Warum wird der Müll getrennt? Kennst du die Lösung?

Toll, noch einmal würfeln.

4

Wohin musst du gehen, wenn du altes Glas oder kleine Elektrogeräte entsorgen willst? Gewusst?

2 Felder vor.

5

Mein Frühstück ist in Folie verpackt, so schone ich die Umwelt. Richtig oder falsch?

3 Felder zurück!

6

Ich nenne dir sofort die richtige Verpackung für das Pausenbrot und mein Getränk.

Noch einmal würfeln.

7

So können wir im Klassenzimmer oder in der Turnhalle Müll vermeiden. Nenne drei Dinge.

1 Feld vor!

8

Warum sollen wir Müll vermeiden? Erkläre es einem Mitspieler.

2 Felder vor!

9

Verzichtest du in der Freizeit auf Abfall? Wie?

Super, noch mal würfeln.

10

Zu Hause vergesse ich die Mülltrennung leider öfter? Stimmt das?

Einmal aussetzen.

Spiel „Müll trennen – Müll vermeiden" – Antwortkarten

1 Das ist schlecht, weil der Müll nicht wiederverwertet werden kann und keine neuen Produkte daraus entstehen können. Falsche Mülltrennung kostet Geld.	**2** Recyclingtonne: Joghurtbecher Biotonne: Obstschale Restmülltonne: Spielzeug Papiertonne: Zeitung
3 Mülltrennung ist wichtig, weil der Müll so wiederverwertet werden kann.	**4** Zu speziellen Containern, die überall in der Stadt vorhanden sind. Zu den Sammelstellen. Zum Wertstoffhof.
5 Auf Plastikfolie sollte man verzichten, um die Umwelt zu schonen. Das Pausenbrot sollte in eine Dose aus Metall verpackt sein.	**6** Edelstahldose und Edelstahlflasche.
7 So gelingt uns die Müllvermeidung: Recyclingpapier verwenden, Stifte erst wegwerfen, wenn sie ganz leer sind, keine Plastiktüten mitbringen, sondern Stofftaschen.	**8** Für unsere Umwelt ist es am besten, wenn wir ganz wenig wegwerfen, was die Natur verschmutzt oder was wiederverwertet werden muss.
9 Wenig verpackte Süßigkeiten essen. Beim Malen zu Hause Altpapier verwenden. Unverpackte Spielzeuge aus Naturmaterialien verwenden.	**10** Mülltrennung ist überall wichtig.

Elternbrief „Schulfrühstück und Pausenbrot"

Liebe Eltern,

gesunde Ernährung ist wichtig, auch für Ihr Kind. Es muss sich an unserer Schule konzentrieren und Leistungen erzielen, dafür benötigt es eine gute Basis. Wir möchten Sie deshalb bitten, mit dem Kind vor Schulbeginn gemeinsam zu frühstücken und ihm ein gesundes Frühstück in die Schule mitzugeben. Ein gesundes Pausenbrot besteht z. B. aus Vollkornbrot, belegt mit Käse oder Wurst, Obst und Gemüse, Milchprodukten (wie Joghurt oder Quark) und ungesüßten Getränken.

Da wir an unserer Schule versuchen, Müll zu vermeiden, wäre es hilfreich, wenn Sie Ihrem Kind das Pausenbrot in wiederwendbaren Boxen mitgeben. Ideal sind Brotdosen aus Edelstahl.

Herzlichen Dank für Ihre Unterstützung.

Viele Grüße

Gestaltung und Pflege eines Schulgartens

Vorbereitung:
Ich empfehle Ihnen beim Thema Schulgarten die Publikation von Wilhelm Killermann, Peter Hiering und Bernhard Starosta: Biologie heute. Die Autoren leiten die Umsetzung eines Schulgartens ideal an. Sie stellen u. a. das Modell des Biotopgartens vor. Sie können Elemente herausnehmen und einzeln umsetzen.

„Von den genannten Schulgartentypen wird heute, angesichts der Bedeutung ökologischer und umweltlicher Themen, im Unterricht dem nach ökologischen Gesichtspunkten gestalteten Biotopgarten der Vorzug gegeben. (...) Ein ökologischer Biotopgarten verfolgt das Ziel, natürliche Lebensräume im kleinen Maßstab nachzubilden. Wenngleich diese wegen ihrer flächenmäßigen Begrenztheit der realen Natur bestenfalls nahekommen, so vermitteln sie Schülerinnen und Schülern dennoch eine Vorstellung von einer lebensraumtypischen Flora und Fauna. Überdies sind unterschiedliche, naturnahe Lebensräume in enger Nachbarschaft im Freiland kaum anzutreffen. Ein naturnaher Biotopgarten im Schulgelände erspart daher auch zeitaufwendige Unterrichtsgänge ins Freiland und lädt dazu ein, den Unterricht öfter als sonst ins Freie zu verlagern. Unter Berücksichtigung der Verhältnisse an den Schulen können in einem Biotopgarten folgende Kleinbiotope angelegt werden.

Anleitung:
Ein ca. 1,50 m tiefer Tümpel mit Ufer-, Schwimmblatt- und Unterwasserpflanzen. Durch natürliche Zuwanderung kommt es schnell auch zur Entwicklung einer artenreichen Kleintierfauna, bestehend aus Amphibien, Libellen, Wasserwanzen, Wasserkäfern, Zweiflüglern, Haften, Haarflüglern, Milben, Kleinkrebsen, Schnecken, Egeln, Süßwasserpolypen u. a. Abzuraten ist vom Aussetzen von Fischen, da diese sich von Amphibienlaich und Insektenlarven ernähren und somit die Kleintierfauna beträchtlich dezimieren. Ein Tümpel liefert auch das nötige Material für Mikroskopierübungen mit mikroskopisch kleinen Lebewesen: Algen, tierische Einzeller, Rädertierchen, Kleinkrebse (Wasserflöhe, Hüpferlinge, Muschelkrebse), Süßwasserpolypen u. a.

Eine an den Tümpel angrenzende, aus einer etwa einen halben Meter dicken Torfschicht bestehende „Sumpfzone“ mit typischen Zeigerpflanzen des Nieder- und Hochmoores, wie Rausch-, Krähen-, Moosbeere, Besen-, Rosmarin-, Glockenheide, Fettkraut, Sonnentau, Wollgras u. a. Ein Trockenhügel, errichtet aus Aushubmaterial des Tümpels und etwa kopfgroßen Steinen. Empfehlenswert sind Kalksteine, deren Zwischenräume mit Quetschkalksand aufgefüllt werden. Ein kalkhaltiger (basischer) Untergrund begünstigt das Gedeihen einer artenreichen, xerophilen Flora (Küchenschelle, Adonisröschen, Aurikel, Steinkraut, Perlgras, Federgras und viele andere), wie sie z. B. auch im Jura oder in den Kalkalpen anzutreffen ist.

Eine Magerwiese mit möglichst kalkhaltigem, nährstoffarmem Untergrund, bewachsen mit einheimischen Wiesenkräutern, wie sie für Kalkmagerrasengesellschaften charakteristisch sind: horstbildende Gräser (Aufrechte Trespe, Zittergras), Karthäusernelke, Nickendes Leimkraut, Wiesensalbei, Aufrechter Ziest und viele andere.

Eine Staudenflur mit Frühblühern (Schlüsselblume, Leberblümchen, Buschwindröschen, Lerchensporn) und ausdauernden Stauden des Waldrandes sowie des lichten Mischwaldes. Ausgelegtes Totholz, z. B. ein morscher Baumstumpf oder Baumstamm mit Holz zersetzenden Porlingen, vermittelt auf anschauliche Weise eine Vorstellung vom Kreislauf der Stoffe in der Natur. Eine Umgrenzung des Gartens mit heimischen Heckengehölzen: Hasel, Holunder, Hartriegel, Heckenkirsche, Kornelkirsche, Gemeiner und Wolliger Schneeball, Weiß- und Schlehdorn, Pfaffenhütchen. Versuchsbeete zur Anzucht von Nutzpflanzen (Gemüse, Kartoffeln, Heil- und Gewürzkräuter, Getreide) und Schnittblumen sowie zur Ausführung von Langzeitversuchen.

Ein Komposthaufen veranschaulicht, wie organische Abfälle sinnvoll wiederverwendet werden können (Stoffkreislauf). Die zur Anlage eines Schulgartens erwünschten Pflanzen dürfen nicht der Natur entnommen werden, sondern sind über den Wildkräuterhandel zu beziehen. Zum Betrachten und Untersuchen von Naturobjekten mit Binokularen oder Mikroskopen sollte im Schulgarten eine von einer Pergola überdachte, mit Tischen und Bänken ausgestattete Arbeitsfläche vorhanden sein (Grünes Klassenzimmer!). Zur Begrünung der Pergola und Beschattung der Arbeitsfläche bieten sich einheimische Lianengewächse an, wie Hopfen, Waldrebe, Efeu, Wilder Wein, Windenknöterich, Zaunwinde und Zaunrübe. Auch sollte ein Geräteschuppen in der Nähe sein, damit die Gartengeräte damit die Gartengeräte nicht durch das Schulhaus transportiert werden müssen.“ (Killermann, 17. Auflage, S. 112–115)

Betreuung/Weiterarbeit:
Für alle Klassenstufen und Schularten lassen sich Lehrplanthemen am vorgestellten Biotop-Schulgarten von Killermann u. a. ideal umsetzen.

Foto/Abbildung:

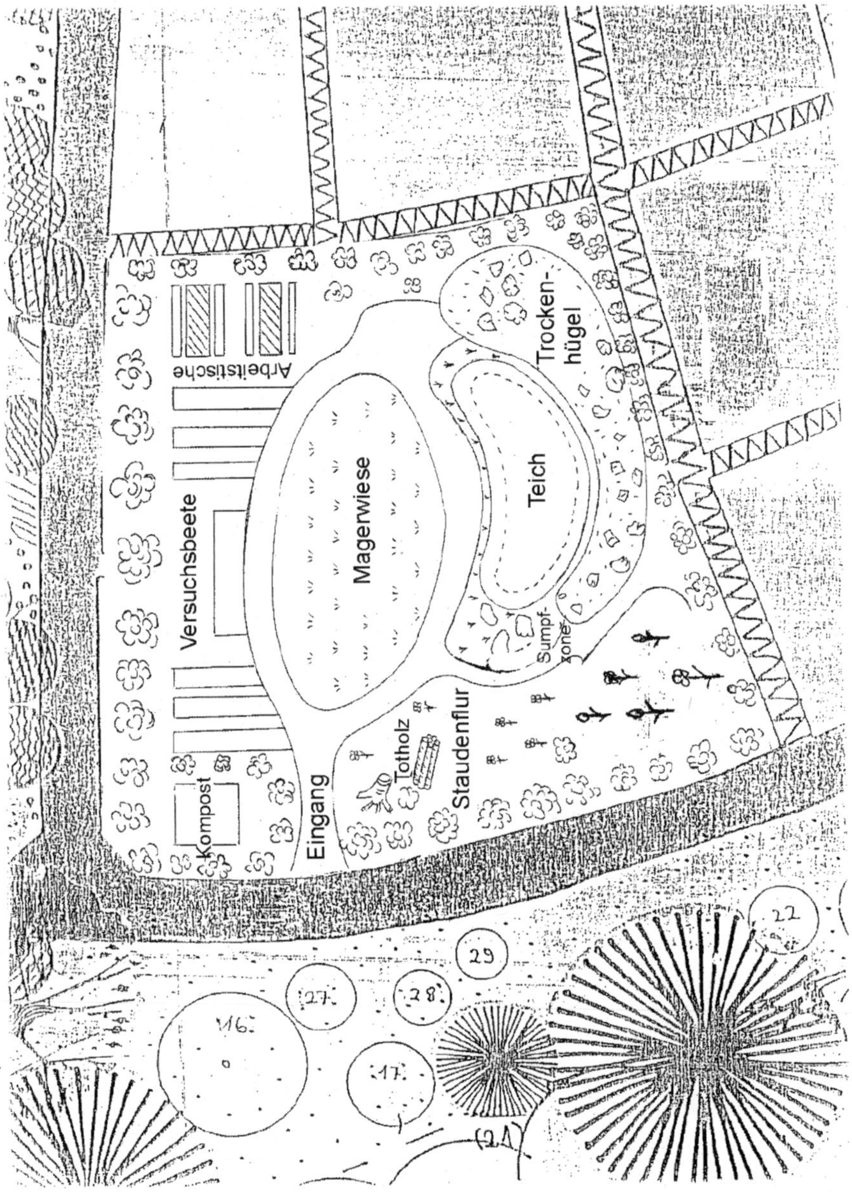

Vorschlag für einen ökologischen Schulgarten (Killermann, 17. Auflage, S. 114)

Anlage eines Biotops aus verschiedenen Elementen

Vorbereitung:
Vor einigen Jahren konnte ich mit anderen an einem Jugendzentrum mit ökologischem Schwerpunkt und Kleintierhaltung ebenfalls über einige Jahre, nach und nach, einen Biotopverbund anlegen bzw. bestehende Strukturen erweitern. Noch heute existieren diese Elemente und tragen dazu bei, dass Kinder sich mit Pflanzen und Tieren auseinandersetzen können und so ein Interesse an der Natur entwickeln.

Einzelne Elemente habe ich seitdem immer wieder umgesetzt, an anderen Standorten und mit vielen anderen Schulen.

Für Sie an Ihrer Schule sollten Sie eigene Pläne entwickeln, die genau auf Ihre Standortbedingungen abgestimmt sind. Binden Sie gerne Fachleute von Umweltstationen oder Vereinen ein. Ich möchte Ihnen kurz vorstellen, wie wir damals vorgegangen sind, welchen Biotopverbund wir entwickeln konnten und welche Elemente für mich essenziell sind. Vielleicht wäre ein ähnliches Konzept auch etwas für Sie an Ihrer Schule? Sie schulen so wichtige Kompetenzen.

Kompetenzen und Lernziele:
Unsere Umwelt verändert sich sehr schnell, auch bedingt durch das Verhalten der Menschen. Nachhaltigkeit im Umgang mit den natürlichen Lebensgrundlagen ist deshalb sehr wichtig.

Gerade die besonderen Anpassungen der Tiere an ihre Umweltbedingungen machen das Thema interessant für Kinder. Existieren zunächst noch Ängste und Ekel vor den fremden Tieren, so können diese durch eine originale Begegnung beseitigt werden. Auch die naturnahe Gestaltung des Teiches und des weiteren Geländes, kann dazu beitragen, dass die Kinder die gewonnenen Erkenntnisse mit nach Hause nehmen. Die Beziehungen der hier lebenden Tiere untereinander können zu einem weitergehenden Verständnis der Zusammenhänge in der Natur beitragen. Gemeinsam können die Kinder im Biotop-Komplex positive Begegnungen mit Tieren oder Pflanzen erfahren und Interesse entwickeln. Erlernte Zusammenhänge können auch auf das sonstige Leben der Kinder übertragen werden.

Vorstellung möglicher Elemente

Schulgarten/Bauerngarten:
Killermann u. a. stellen den Schulgarten im Biotopkomplex vor. In unserem Projekt war ein sogenannter Bauerngarten bereits vorhanden. Dieser wurde gut angenommen, sodass bald sogar Klein- und Huftiere angeschafft wurden, um das Interesse an der Natur, an Tieren und Pflanzen, zu vertiefen. Das wird für Sie in der Schule in der Regel nicht möglich sein. Jedoch sind vielleicht Projekte für Sie interessant, wie die Haltung von Schulhühnern, die aktuell immer beliebter wird, oder die Anschaffung von Terrarien mit Schnecken. Im Rahmen der Biotoperweiterung wurde im Bauerngarten eine Kräuterspirale eingerichtet.

Teich:
Teiche oder Tümpel sind stehende Kleingewässer, in denen Tiere und Pflanzen ihren idealen Lebensraum finden. Amphibien, Schnecken, Wasserwanzen, Schwimmkäfer, Libellen, Wanzen, Wasserläufer, Rückenschwimmer etc. sind für die Schüler*innen interessant. Pflanzen sollten zunächst sparsam angebracht werden, sie siedeln sich von selbst an und verändern die Bewohnerstruktur des gesamten Teiches.

Insektennistwand:
Wildbienen haben einen unverzichtbaren Stellenwert im Naturhaushalt, da sie einen wesentlichen Beitrag zur Bestäubung zahlreicher Wild- und Nutzpflanzen leisten. Gerade in den letzten Jahren hat man dies erkannt und sorgt für den Schutz und Erhalt dieser wichtigen Bienenarten. Eine Insektennistwand aus Holz und Lehm bietet zahlreichen Insektenarten Nistmöglichkeiten. Insbesondere Arten, die in der freien Natur an Lehm-Steilwänden oder im Totholz leben, werden hier ideale Ersatz-Lebensbedingungen geboten. Die Gestaltungsmöglichkeiten sind vielfältig, abhängig von dem Standort der Insektenwand. Ich habe inzwischen viele Insektennistwände, auch mit Schulklassen, realisieren können und jede sieht ganz individuell aus. Entscheidend ist jedoch, den Tieren in der Nistwand möglichst viele verschiedene Strukturen anzubieten, in denen sie nisten können. Das können sein: Röhren oder Spalten in verschiedenen Hölzern, Lehmwände mit Weidengerüst, Bambus in verschiedenen Stärken, Pflanzen mit hohlen Stängeln, leere Schneckenhäuser, Zapfen, Ziegelsteine oder Hölzer in verschiedenen Größen. Sie können das Lernangebot erweitern, indem Sie mit den Schüler*innen Schautafeln entwerfen und an der Insektenwand anbringen.

Trockensteinmauer:
Bei der Erstellung einer Trockensteinmauer werden Natursteine übereinandergeschichtet. Hohlräume werden dabei teilweise mit Sand verfüllt. Aber es bleiben immer noch Ritzen, die von angepassten Tieren und Pflanzen besiedelt werden können. Zusätzlich werden in die Mauerfugen Steingartenpflanzen gesetzt. Viele Gliedertiere, aber auch Amphibien, Reptilien und kleine Säugetiere, nutzen Hohlräume oder Spalten zur Fortpflanzung oder als Versteck. Günstig wirken sich dabei das warme Mikroklima und die vorherrschende Trockenheit aus. Ein größerer Hohlraum wird so angelegt, dass er auch für mittelgroße Säugetiere, wie Igel oder Marder, geeignet ist. Besonders wünschenswerte Bewohner wären hier Zauneidechsen (Lacerta agilis), die in Siedlungen nur noch an Bahndämmen vorkommen. Der Standort der Trockenmauer sollte so gewählt sein, dass er intensiver Sonneneinstrahlung ausgesetzt ist. Zum Schutz der Reptilien vor Katzen wird empfohlen, die Mauer mit Hasendraht einzuspannen. Die Schüler*innen lernen an diesem Standort Pflanzen und Tiere kennen, die an Trockenheit angepasst sind und verbessern dadurch ihre Arten- und Formenkenntnisse.

Totholzhaufen:
Ein Totholzhaufen besteht aus den verholzten Bestandteilen von Sträuchern oder Bäumen. Diese werden lose und unregelmäßig aufeinander aufgeschichtet, so lange bis ein hoher Haufen entsteht. Als Struktur bietet er Vögeln, Kleinsäugern oder Amphibien Schutz vor Fressfeinden. Durch den Vogelkot werden Samen verschiedener Pflanzenarten verbreitet. Dieses Prinzip wird auch für die Neuanlage von Hecken genutzt (Benjeshecke). Vor allem für die abbauenden Organismen ist so ein Haufen über viele Jahre ein Gesamtlebensraum. Insbesondere bestimmte Käferarten, Holzwespen (Siricidae), Pilze und letztlich Mikroben sind entscheidend für den Abbau von Holz.

Nisthilfen für Hummeln, Erdkröten, Vögel, Igel und Fledermäuse:
Nisthilfen für zahlreiche Tierarten werden heute immer wichtiger, da natürliche Lebensräume der Tierarten durch verschiedene Einflüsse verschwinden. Das betrifft Insekten, Amphibien, Igel, Vögel und Fledermäuse. Welche Kästen Sie mit den Schüler*innen erstellen und anbringen können, hängt vom Standort Ihrer Schule ab. Jede Tierart benötigt eine andere Nisthilfe. Bauanleitungen können Sie bei Umweltschutzverbänden downloaden (Links im Buch, S. 14). Fertige Bausätze bieten zum Beispiel auch Werkstätten für Menschen mit Behinderung an, erkundigen Sie sich doch einfach einmal in Ihrer Region.

WEINER, WOLFGANG (2009): Schaffung von Lernorten in Augsburg unter dem Gesichtspunkt des Arten- und Naturschutzes, dargestellt an Projekten mit Kindern im Grundschulalter. Unveröffentlichte Diplomarbeit, Lehrstuhl für Physische Geografie und Quantitative Methoden, Universität Augsburg.

Foto Teich:

Teich im Rahmen im Biotopverbund am Jugendhaus Lehmbau, Augsburg,
Foto: Wolfgang Weiner/Jugendhaus Lehmbau, Augsburg

Foto/Abbildung Insektennistwand – von der Planung bis zur Schautafel

Planungsskizze der Insektennistwand im Botanischen Garten, Augsburg,
Skizze: Wolfgang Weiner

Insektennistwand im Botanischen Garten, Augsburg, erbaut von Sven Schlegel und Wolfgang Weiner, mit einer 2. Grundschulklasse, Foto: Wolfgang Weiner/Botanischer Garten, Augsburg
Wir mussten die Wand inzwischen komplett sanieren, bei einer Nachahmung sollte darauf geachtet werden, dass tragende Teile aus Holz nicht den direkten Bodenkontakt haben (hierfür Metallanker verwenden).

Gehörnte Mauerbiene
(Osmia cornuta)

Aussehen:
Größe und Form ähnlich einer Hummel. Roter Hinterleib, lange markante Fühler.
Männchen: weiß behaartes Gesicht.
Weibchen: winzige Hörner am Kopf.

Flugzeit:
Ab März bis Mitte Mai

Nahrungspflanzen:
Da die Gehörnte Mauerbiene nicht wählerisch ist, sind in der Regel genügend Nahrungspflanzen vorhanden. Sie nutzt Pollen und Nektar frühblühender Pflanzenarten wie zum Beispiel: verschiedene Baumarten, Weiden und Spitzahorn. Zierkirschen-, Süßkirschen-, Pflaumen und Apfelbäume bieten, gerade in den Siedlungen, ein großes Nahrungsangebot im Frühjahr. Sie sind effektivere Bestäuber von Obstbäumen als die Honigbienen, da sie Pollen am Bauch sammeln, der bei jedem Blütenbesuch mit der Narbe in Kontakt kommt. Bei den Honigbienen ist dies nur bei jedem 3–5 Besuch der Fall. Im Vergleich sind die Mauerbienen aber weniger zahlreich, da sie keinen Staat bilden (Solitärbienen). Gehörnte Mauerbienen fliegen auch bei ungünstiger Witterung.

Klima:
Sie ist wärmeliebend, deswegen ist sie vor allem in Weinanbaugebieten und Siedlungen zu finden. Gebäude in bebauten Siedlungen speichern die Wärmeenergie und geben diese gleichmäßig ab, das erhöht die durchschnittliche Jahrestemperatur. Die Biene profitiert als Kulturfolger von diversen Veränderungen in der Natur durch den Menschen.

Nistplätze:
Geeignete Nistplätze findet die Biene ursprünglich an Lehm- oder Lösssteilwänden, aber auch an Fachwerkhäusern, Holzschuppen und auch an modernen Gebäuden. Sie nistet in kleinen Hohlräumen, in Form von Rissen, schlecht verputzten Fugen oder Käfergängen, aber auch in Bohrlöchern oder kolonieartig in großflächigen Strukturen.
Bevorzugt werden waagrechte Löcher mit 7–10 mm Durchmesser. Die Biene kann auch ideal in der Stadt, auf dem Balkon oder im Garten angesiedelt werden.
Deckel und Zwischenwände zum Bau der Zellen sind aus lehmigem Material. Der Lehm wird mit Wasser vermengt und mit den Mundwerkzeugen transportiert.

Nestbau:
Das Weibchen trägt ab April Pollen ein, legt ein Ei, baut eine Zwischenwand, dann folgt die nächste Zelle usw. Die Zellen liegen horizontal in sog. Linienbauten. Die Biene verschließt den Eingang mit einem grauen Deckel und überwintert als Puppe. Die Männchen schlüpfen zuerst, häufig warten sie dann am Eingang auf das Schlüpfen der Weibchen (*siehe Foto*). Der Pollenvorrat der schlüpfenden Mauerbienen dient einem Parasiten, der winzigen Taufliege (*Cacoxenus indagator*), als Nistplatz und Nahrungsquelle. Sie kann den Bestand der Mauerbiene stark dezimieren, ist aber als Futterparasit auf Mauerbienen angewiesen.

Beobachtungstipp:
Ziehen Sie bitte aus dem roten Schränkchen vorsichtig eine Schublade heraus.
Vielleicht können Sie in den Glasröhrchen gerade eine Biene beim Nestbau beobachten!
Haben Sie keine Angst, weibliche Mauerbienen können zwar theoretisch stechen, sind aber friedfertig.

Schautafel geplant für die Insektennistwand im Botanischen Garten, Augsburg, Schautafel: Sven Schlegel/Wolfgang Weiner

Projektidee „Ein eigener Schulwald"

Ein Schulwald ist ein Stück Wald in der Nähe einer Schule. Er wird in Zusammenarbeit von Schule, Stadt oder Gemeinde als Schulwald festgelegt und mit engagierten Schulleitungen, Lehrkräften, Schüler*innen und externen Fachkräften betreut. Schulwälder sind ideale außerschulische Lernorte, die nachhaltiges Lernen, fächerbindend und handlungsorientiert, ermöglichen. Die Schutzgemeinschaft Deutscher Wald unterstützt diese Entwicklung. Ökologische Aspekte des Waldes sind heute für die Umweltbildung in der Schule besonders interessant, aber natürlich auch das Kennenlernen wichtiger Tiere und Pflanzen. Nur wer den Wald in all seinen Facetten kennt, kann und wird ihn schützen. Vorreiter der Schulwald-Pädagogik ist das Land Schleswig-Holstein, von wo aus im Jahr 1949 die Entwicklung der Schulwälder begann. (Schutzgemeinschaft Deutscher Wald, Schulwälder: https://www.sdw.de/waldpaedagogik/schulwaelder) (Abruf 17.4.2020)

Auch in Bayern tut sich etwas in diesem Bereich. Ein schönes Beispiel ist das Schulwald-Projekt der Grundschule Aystetten aus den Jahren 2008 bis 2016. (Grundschule Aystetten: Unser Schulwald-Projekt: http://gs-aystetten.de/schulwald), welches ich für kurze Zeit im Bereich „Vögel des Waldes/Nisthilfenbau" begleiten konnte. Lassen Sie sich im Archiv auf der Homepage der Schule doch einmal inspirieren. Vielleicht wäre ein Schulwald auch etwas für Sie und Ihre Schule?

Elternbrief zur Schultüte

Liebe Eltern,

die Einschulung Ihres Kindes an unserer Schule steht kurz bevor. Wir freuen uns sehr, Ihr Kind und Sie bald in unserer Schulgemeinde begrüßen zu dürfen. Die Einschulungsfeier ist dabei ein besonderer Moment für Ihr Kind, für Sie und für uns. Über den genauen Ablauf des Tages werden wir Sie in einem eigenen Brief noch ausführlich informieren.

Eine Bitte hätten wir schon heute, da Sie ja sicherlich bereits mitten in den Planungen und Vorbereitungen stecken.

Unsere Schule versucht, möglichst nachhaltig zu handeln und die Umwelt zu schützen. Bitte machen Sie mit! Achten Sie bei der Auswahl und Befüllung der Schultüte darauf, möglichst umweltfreundlich zu handeln. Wie wäre es mit einer hübschen Schultüte aus Upcycling-Materialien, die Sie mit unserer Anleitung ganz einfach selbst basteln können? So sparen Sie wertvolle Ressourcen ein, gestalten ein einzigartiges Produkt nur für Ihr Kind und schonen zudem Ihren Geldbeutel.

An unserer Schule spielt gesunde Ernährung eine wichtige Rolle. Sie würden dies unterstützen, wenn Sie Ihrem Kind die Schultüte mit gesunden, möglichst unverpackten Leckereien befüllen und auf Produkte und Spielsachen aus Plastik verzichten.

Die Anleitung für die Do-it-yourself-Schultüte haben wir für Sie direkt zugefügt. Viel Spaß beim Gestalten!

Herzlich willkommen in unserer Schulgemeinde!

Mit freundlichen Grüßen

Bastelanleitung „DIY-Schultüte“

Für eine eigene Schultüte benötigt man folgende Materialien:

- Fertige Rohlinge, idealerweise aus Altpapier, in gewünschter Farbe und Größe, z. B. 70 cm
- Papiere in verschiedenen Farben, ggf. verschiedene Aufkleber, Wellpappe, gerne aus Altapapier, oder bereits genutzte Papiere.
- Individuelle Elemente (Fotos des Kindes, Dinge, die Hobbys symbolisieren etc.)
- Krepppapier für die Manschette/den „Deckel, in verschiedenen Farben
- Bereits vorhandene Deko-Bänder
- Schere, Lineal, Flüssigkleber, Tacker, Klebeband, Stifte

So geht es ganz einfach:

1. Den Rohling zur Hand nehmen und individuell bekleben und gestalten.
2. Den Deckel formen: Das Krepppapier wird nun zur Manschette/zum Deckel der Schultüte geformt. Legen Sie das Krepppapier dazu bündig mit dem Rand der Schultüte um die äußere Öffnung der Schultüte herum und tackern Sie es fest. Klappen Sie nun das Papier vorsichtig nach oben. Sollte es noch zu locker sein, fixieren Sie die lockeren Stellen mit Klebestreifen.
3. Als Verschluss für die Kreppmanschette eignen sich verschiedene Deko-Bänder, die individuell zugeschnitten werden können.

Viel Spaß beim Basteln und Gestalten!

Mein Energie-Check im Arbeitszimmer

Ermitteln Sie den Richtwert Ihres Energieverbrauchs für Ihr heimisches Arbeitszimmer anhand der folgenden Formel:

Welche Wattzahl hat Ihr Gerät? x Wie lange nutzen Sie es pro Tag? x 365 Tage = Wh gesamt/Jahr WH: 1000 = KWh

KWh x Cent pro KWh = Kosten pro Gerät

Gerät	Wattzahl des eigenen Geräts	Nutzung pro Tag/Stunde	Nutzung 365 Tage	Ergebnis Wh: 1000 = KWh	KWh x Strompreis
Computer					
Notebook					
Drucker					
Scanner					
Kopierer					
Laminiergerät					
Wasserkocher					
Kaffeemaschine					
Beleutchtung					
Summe					

Schnelle Checkliste für die Planung einer nachhaltigen Klassenfahrt

Ist die Reise eine Lernfahrt, Kennenlern-fahrt oder Abschiedsfahrt?	
Gibt es ein ökologisches Rahmenthema, welches wir vereinbaren könnten?	
Welches ökologische Reiseziel ist für uns interessant? Warum ist es nachhaltig?	
Wie reisen wir an und wie kommen wir nach Hause? Was ist an unserer Reiseart nachhaltig?	
Welche ökologischen Verkehrsmittel können wir vor Ort nutzen?	
Welche Unterkunft wählen wir? Was ist daran nachhaltig?	
Wie verpflegen wir uns vor Ort? Gibt es geeignete Anbieter, Lokale, Jugendher-bergen etc.?	
Welche schulischen Aktivitäten können vor Ort geplant werden? Was macht sie zu einem nachhaltigen Angebot?	
Gibt es ökologische Freizeitmöglichkeiten vor Ort? Welche?	